ADAC Reiseführer

Korfu

Lefkada Ithaka Kefalonia Zakynthos

Dörfer und Häfen • Strände • Wanderungen • Museen
Kirchen • Aussichtspunkte • Hotels • Restaurants

Die Top Tipps führen Sie zu den Highlights

von Peter Peter

☐ Intro

Korfu und die Ionischen Inseln Impressionen 6

Blaue Strände, weiße Klippen, grüne Hügel und venezianische Stadtkultur

Geschichte, Kunst, Kultur im Überblick 12

Von der venezianischen Herrschaft zur Stimme der Freiheit

☐ Unterwegs

Korfu – herrliche Strände, ein Meer an Olivenbäumen und venezianisches Flair 18

1 Korfu-Stadt (Kerkyra) 18
2 Achilleion 35
3 Benitses, Moraitika und Mesongi 37
4 Lefkimi und Kavos 38
5 Agios Georgios Argyradon und die Korission-Lagune 39
6 Sinarades und Agios Gordi 41
7 Pelekas und Ermones 42
8 Paleokastritsa 43
9 Afionas und Agios Georgios Pagon 46
10 Sidari 48
11 Roda und Acharavi 49
12 Kasiopi 50
13 Kalami, Nissaki und Barbati 51
14 Pantokrator 53
15 Pyrgi und Dassia 55
16 Gouvia und Kondokali 56
17 Paxos und Antipaxos 57

Lefkada – smaragdene Insel mit weißen Felsen 60

18 Lefkada-Stadt 61
19 Von Agios Nikitas nach Kap Doukato 64

20 Vasiliki 66
21 Poros 68
22 Sivros und Agios Ilias 68
23 Karia und Englouvi 69
24 Nidri und die Ostküste 70
25 Meganisi 72

Ithaka – Buchten und Wanderwege auf Odysseus Spuren 74

26 Vathi 75
27 Arethusa-Quelle 78
28 Perachori und der Süden 79
29 Stavros, Kioni und der Norden 80

Kefalonia – schwarze Tannen, goldzähnige Ziegen und türkisblaue Buchten 84

30 Argostoli 85
31 Lixouri und die Halbinsel Paliki 90
32 Fiskardo und die Halbinsel Erissos 91
33 Von Sami nach Poros 93
34 Die Südküste von Skala bis Lourdata 95
35 Peratata 97
36 Omala-Tal und Enos-Naturschutzpark 98
37 Metaxata und Lasi 99

Zakynthos – die Insel der Schildkröten 100

38 Zakynthos-Stadt (Chora) 101
39 Halbinsel Vasilikos 107
40 Laganas 111
41 Limni Keriou und Keri 112
42 Agalas und Kambi 113
43 Shipwreck Beach 115
44 Volimes und Kap Skinari 117
45 Von Agios Nikolaos nach Alykes 118
46 Tsilivis 119
47 Riza 120

Korfu und die Ionischen Inseln Kaleidoskop

Sisi und Wilhelm II. – zwei konträre Philhellenen 36
Ereikoussa, Mathraki und Othoni – die Diapontischen Inseln 47
Der Vater Griechenlands 54
Kantades statt Sirtaki – ionische Musik 68
Onassis – der Odysseus von Skorpios 73
Andra moi ennepe, Mousa … Die Abenteuer des Odysseus 83
Das Schicksal der Divisione Acqui 95
Die Schlangen der Maria 96
Dante von Zante und die Hellas-Hymne 108
Caretta caretta – zwischen Massentourismus und Naturschutz 110
Kaninchenstifado und Drachenkopfsuppe – ionische Inselküche 127
Retsina oder Robola – ionischer Wein 128

Karten und Pläne

Korfu, Paxos, Antipaxos vordere Umschlagklappe
Lefkada, Ithaka, Kefalonia, Zakynthos hintere Umschlagklappe
Korfu-Stadt hintere Umschlagklappe
Korfu-Stadt/Zentrum 20/21
Korfu-Stadt/Analipsi-Halbinsel 28
Lefkada-Stadt 63
Argostoli 86
Zakynthos-Stadt 104

Service

Korfu und die Ionischen Inseln aktuell A bis Z 123

Vor Reiseantritt 123
Allgemeine Informationen 123
Service und Notruf 124
Anreise 125
Bank, Post, Telefon 125
Einkaufen 126
Essen und Trinken 126
Feiertage 129
Festivals und Events 129
Klima und Reisezeit 130
Museen und Kirchen 131
Nachtleben 131
Sport 131
Sprache und Rechtschreibung 133
Statistik 133
Unterkunft 134
Verkehrsmittel im Land 135

Sprachführer 136

Griechisch für die Reise

Register 141

Impressum 143
Bildnachweis 143

Leserforum

Die Meinung unserer Leserinnen und Leser ist wichtig, daher freuen wir uns, von Ihnen zu hören. Wenn Ihnen dieser Reiseführer gefällt, wenn Sie Hinweise zu den Inhalten haben – Ergänzungs- und Verbesserungsvorschläge, Tipps und Korrekturen –, dann kontaktieren Sie uns bitte:

Redaktion ADAC Reiseführer
Gräfe und Unzer Verlag GmbH
Grillparzerstr. 12, 81675 München
adac@graefe-und-unzer.de

Korfu und die Ionischen Inseln Impressionen

Blaue Strände, weiße Klippen, grüne Hügel und venezianische Stadtkultur

Und die Sonne Homers,
siehe sie leuchtet auch uns
(Friedrich von Schiller)

Entlang der Westküste Griechenlands reihen sich die Ionischen Inseln aneinander: Im Norden, auf Höhe der griechisch-albanischen Grenze, beglückt Korfu, die grüne Insel mit venezianischem Flair, schon seit den Tagen Kaiserin Sisis Gäste aus Mitteleuropa. Paxos und Antipaxos, zwei stille Eilande mit ruhigen Wanderwegen und traumhaften Badebuchten, sind lohnende Ausflugsziele von Korfu aus. Es folgen Lefkada, das nur durch einen schmalen Kanal vom Festland getrennt ist, Ithaka, Kefalonia und ganz im Süden Zakynthos, das die Venezianer als ›Blume der Levante‹ feierten.

Gemeinsam haben die Inseln den Reiz der Vegetation: mattgrüne Olivenwälder, durchsetzt von wilden Zypressen und ausgedehnten Weinbergen, orange leuchtende Kumquatsbäume, bougainvillea-überflutete Villen und blauer Bleiwurz an blassrosa oder mintgrün gestrichenen alten Bauernhäusern, deren Gärten von Palmen und Zitronen bestanden sind. Nicht nur verkarstete Felsen wie auf den Kykladen bestimmen das Landschaftsbild, sondern, besonders im Frühjahr und Winter, sattes Grün und bunte Blütenpracht.

Üppige Pflanzenpracht am Ionischen Meer

Korfu und Zakynthos gehören seit Jahren zu den beliebtesten Urlaubszielen Griechenlands, und das mit gutem Grund. Die touristische Infrastruktur ist ausgezeichnet, die Strände sind unübertroffen sauber, die Flugverbindungen gerade in den Sommermonaten günstig und regelmäßig.

Über 30 Mal weht die Blaue Flagge auf **Korfu** an langen, naturbelassenen Sandstränden, felsigen Kalksteinklippen und einsamen Badebuchten. Eine Million Sonnenanbeter lassen sich alljährlich von diesem Qualitätsnachweis überzeugen und kommen in die kleinen und großen Hotels der Insel.

Beliebteste Sehenswürdigkeit Korfus ist sicherlich das Refugium der österreichischen Kaiserin Sisi, das Achilleion. Hier träumte sie sich in eine antike Idealwelt, bevölkert von großen Philosophen und tragischen Helden. Für Romantiker hält die Insel noch ein weiteres Ziel bereit:

Das Durchschwimmen des so genannten *Canal d'Amour* in Sidari lässt angeblich Eheträume wahr werden.

Doch schon vor Sisi war auf Korfu einiges geboten, seit 3000 Jahren hinterlassen ganz unterschiedliche Kulturen ihre Spuren auf der Insel. Im Archäologischen Museum von **Korfu-Stadt** und zwischen den Ausgrabungen auf der Analipsi-Halbinsel kann der geschichtsinteressierte Besucher der Vergangenheit ebenso nachspüren wie beim Anblick der venezianischen Altarbilder und silberbeschlagenen Ikonen im Pantokratorkloster.

Heute ist Korfu-Stadt mit seinen altehrwürdigen Kirchen, den Musikpavillons und Museen, seinen Kricketspielern und Kaffeehäusern ein Wunder an levantinischer Urbanität. Der arkadengeschmückte Liston gilt vielen gar als eleganteste Flaniermeile Griechenlands.

Ein besonderes **Naturerlebnis** ermöglicht der Besuch der Felsbuchten von Paleokastritsa oder eine Fahrt durch die Macchialandschaft um den hoch aufragenden Pantokrator. Auch das bergige Hinterland der Küste mit ruhigen Dorf-

Oben: *In der Emerald Bay auf Antipaxos werden Urlaubsträume wahr*
Mitte: *Ostern, das wichtigste Fest der griechisch-orthodoxen Kirche, wird durch eine Prozession gefeiert*
Links: *Ganz nach ihren Wünschen gestaltete Kaiserin Sisi das Achilleion auf Korfu*

plätzen und Tavernen, auf deren Speisekarten Lamm in allen Variationen angepriesen wird, wartet auf Entdeckung.

Die Blüte der Levante

Die Venezianer, die **Zakynthos** seit dem 16. Jh. beherrschten, schätzten die südlichste der Ionischen Inseln nicht nur als Basis für ihre Flotte und Bollwerk gegen die Osmanen. Auch die fruchtbaren Hügel und Ebenen, die sie für Weinberge und Olivenbaumpflanzungen nutzten und die noch heute das Bild der Insel prägen, versetzten sie in Begeisterung.

Wer heute nach Zakynthos kommt, der hat die Qual der Wahl: Touristentrubel mit britischer Prägung entlang der Bucht von Laganas, die stille Bergwelt rund um das Gebirgsmassiv des Vrachionas sowie traumhafte Badebuchten an der West- und Nordküste sorgen für reichlich Abwechslung. An der Westküste liegt auch, wie von einem Werbestrategen für Griechenlandtourismus arrangiert, seit 20 Jahren ein havariertes Schmugglerschiff in einer ohnehin schon malerischen Bucht. Der heute als *Shipwreck Beach* bekannte Strand gehört seither zu den meistfotografierten Szenerien Griechenlands.

Auch wem der Sinn nach städtischer Kultur steht, wird nicht enttäuscht: Zakynthos-Stadt verfügt über einige interessante Museen wie jenes für Nachbyzantinische Kunst, eine reiche Auswahl an Modeboutiquen und Andenkenläden sowie zahlreiche Bars und Cafés.

Die ruhigen Schwestern

Landschaftlich nicht minder reizvoll, doch für den Urlauber etwas schwieriger zu erreichen sind Lefkada, Ithaka und Kefalonia. Während auf Korfu und Zakynthos dank hervorragender Charterflugverbindungen und vieler Hotels in allen Preislagen im Sommer touristischer Hoch-

betrieb herrscht, sind auf den mittleren Ionischen Inseln immer wieder fast menschenleere Strände, stille Bergstraßen und urtümliche Bergdörfer zu entdecken. Lediglich in Argostoli, der Hauptstadt von Kefalonia, erlebt man einen ähnlichen Trubel wie in Korfu- oder Zakynthos-Stadt.

Lefkadas spektakuläre Steilküsten mit ihren herrlichen Stränden werden immer wieder unter die Schönsten der Welt gewählt – das Bad unter den Felsen von **Porto Katsiki** allein würde die Anreise rechtfertigen. Wie die anderen Inseln hat auch Lefkada seinen Platz in der Mythologie: Vom **Leukadischen Felsen** am Kap Doukato soll sich einst die Dichterin Sappho aus unerfüllter Liebe gestürzt haben – ach, wäre sie doch durch den Canal d'Amour von Korfu geschwommen! Für Surfer ist der Ort **Vasiliki** die erste Adresse auf den Ionischen Inseln, doch auch für Landratten bietet das bunte Segelgewirr von den Ufertavernen des Ortes aus einen besonders schönen Anblick.

Kefalonia ist die größte Ionische Insel und beeindruckt durch ihre abwechslungsreiche Landschaft. Über 1600 m hoch ragt hier der *Enos* auf, weit schweift der Blick von seinem Gipfel über die griechische Küste und das Mittelmeer. Wer sich beeilt, der schafft es von diesem kühlen Aussichtspunkt – auf dem Enos kann es um bis zu 15 Grad kälter sein als am Meer – noch am selben Tag an einen der Traumstrände um die Inselhauptstadt Argostoli. Dank seiner angenehmen Restaurants und Bars, in denen man häufig auf Auslandsgriechen aus aller Welt trifft, ist das Städtchen auch abends ein vergnüglicher Aufenthaltsort. Die Weine der Insel, besonders der trockene weiße Robola, stehen in Griechenland ebenfalls in hohem Ansehen.

Ithaka schließlich verdankt seinen Ruhm einem 2700 Jahre alten Epos, der

Links oben: *Wertvolle Ikonen zeigt das Post-Byzantinische Museum in Korfu-Stadt*
Links Mitte: *Im glasklaren Wasser schwimmen Taucher mit den Fischen um die Wette*
Links unten: *Die Landschaft im Norden Korfus erstrahlt im Gelb des blühenden Ginster*
Oben: *Agios Stefanos Sinies im Nordosten Korfus ist das Ziel vieler hungriger Skipper*
Rechts: *Ein Bummel durch die belebten Gassen von Korfu-Stadt ist ein Erlebnis für alle Sinne*

Odyssee von Homer. Von dieser Insel nämlich brach der listenreiche Odysseus auf, um in den Krieg gegen Troja zu ziehen, hierher kehrte er nach zehnjährigem Krieg und nochmals zehnjähriger Irrfahrt zurück. Kleine Fischerdörfer wie Kioni oder Polis, Wanderungen durch duftende Macchia etwa zur Arethusa-Quelle und das Gefühl, zwischen antiken Überresten womöglich auf den Spuren des homerischen Helden zu wandeln, machen den Aufenthalt auf diesem Eiland zu einem unvergesslichen Erlebnis.

Markuslöwe unter griechischer Sonne

Anders als die Ägäischen Inseln und das griechische Festland konnte das Osmanische Reich die Ionischen Inseln nie für längere Zeit besetzen. Stets befanden sie sich unter der Kontrolle italienischer Adelshäuser oder der venezianischen Dogen. Dadurch konnte sich auf dem *Heptanes*, den sieben Ionischen Inseln, eine ganz eigene Kultur herausbilden, die ebenfalls zum besonderen Urlaubserlebnis beiträgt.

Architektur und Dialekt sind deutlich von italienischen Einflüssen geprägt. Der Brauch, am letzten Donnerstag vor der Fastenzeit durch die Gassen der Orte zu ziehen und üble Nachrede über die Nachbarn zu führen, trägt sogar noch einen italienischen Namen: *Pettegolezze*, also Klatsch. Auch die Volksmusik, die an

Oben: *Die Buchten von Nidri warten auf Erholungsuchende*
Links: *Shipwreck Beach von Zakynthos*
Rechts oben: *Ausgedehnte Olivenhaine prägen die Landschaft*
Rechts Mitte: *Griechische Köstlichkeiten*
Rechts unten: *Wundervolles Panorama von Korfu-Stadt mit Blick auf die Alte Festung und die Spyridonkirche (links davor)*

hohen Kirchenfesten getragenen Trachten und nicht zuletzt der besondere Wert, der auf gute Mittelmeerküche gelegt wird, bezeugen die alten Verbindungen.

Griechenland für Einsteiger und Fortgeschrittene

Ein perfektes Reiseziel sind die Ionischen Inseln für Einsteiger in das Thema Griechenland: Dank guter Fährverbindungen ab Italien ist Korfu gut mit dem eigenen Auto zu erreichen. Wer bei griechischen Inseln an die sonnenverbrannten und recht kahlen Eilande der Ägäis denkt, wird auf den Ionischen Inseln dank der Tausenden von Olivenbäumen, Tannen und Zypressen eines Besseren belehrt. Und die extreme griechische Sommerhitze fällt hier wegen der Meeresbrisen milder aus. Darüber hinaus finden Italien-Erfahrene durch venezianisch geprägte Städtchen wie Korfu und Zakynthos einen leichten Zugang.

Erfahrene Griechenland-Reisende hingegen werden hier Neues entdecken: auf Zakynthos **Steilküsten** wie in Cornwall, und **blaue Grotten**, die an Capri erinnern, auf Korfu mit dem Achilleion die Residenz mitteleuropäischer Monarchen und auf Kefalonia Strände aus **rotem Sand**. Auf also in ein Ferienparadies aus attraktiven Naturkulissen und kulturellen Zeugnissen einer langen Geschichte!

Geschichte, Kunst, Kultur im Überblick

Von der venezianischen Herrschaft zur Stimme der Freiheit

70 000–50 000 v. Chr. In der Altsteinzeit werden die Ionischen Inseln vermutlich von Illyrien (heute Albanien) und Apulien aus besiedelt.

3000 v. Chr. In Afionas auf Korfu existiert eine der ersten dauerhaften Siedlungen der Ionischen Inseln.

1600–1050 v. Chr. In mykenischer Zeit entstehen einige Grablegen auf den Ionischen Inseln, so bei Tzanata auf Kefalonia.

8. Jh. v. Chr. Illias und Odyssee, die zwei ältesten Epen der europäischen Literatur, werden verfasst. Zwar werden traditionell beide Werke einem Dichter namens Homer zugeschrieben, tatsächlich dürfte aber nur die Illias, in der die Eroberung Trojas durch die Griechen geschildert wird, von ihm stammen. Die Odyssee, in der die lange Heimreise des Odysseus, Königs von Ithaka, geschildert wird, entstand wohl erst eine Generation später. Der reale Hintergrund beider Werke bleibt umstritten, doch dürften sich gerade in der Illias Erinnerungen an die mykenische Zeit und den Niedergang der Palastkultur um 1200 erhalten haben.

734 v. Chr. Der Korinther Chersikrates gründet auf Korfu die Kolonie Korkyra (heute Korfu-Stadt). Dank der günstigen Lage gewinnt sie rasch an Einfluss. Da sowohl Korinth als auch Korfu in der selben Region Handel treiben, kommt es wiederholt zu Konflikten.

665 v. Chr. Korfu besiegt Korinth in der ersten großen Seeschlacht der griechischen Geschichte bei Kap Kavos.

640 v. Chr. Die Korinther gründen die Stadt Leukas/Lefkada.

Der Normanne Robert Guiscard eroberte Kefalonia

625–585 v. Chr. Während der Regierungszeit des Periander gelingt es Korinth, Korfu wieder zu unterwerfen.

480 v. Chr. Korfu entsendet Schiffe zur Seeschlacht von Salamis zwischen Griechen und Persern, allerdings mit dem Befehl, so lange abzuwarten, bis der Sieger fest steht – und sich dann auf dessen Seite zu schlagen.

435–432 v. Chr. Streitigkeiten zwischen Korfu und Korinth um ihre gemeinsame Kolonie Epidamnos (heute Durres in Albanien) tragen zum Ausbruch des Peloponnesischen Krieges bei. Korfu verbündet sich mit Athen.

340 v. Chr. Athen, Korinth, Lefkada und Korfu schließen sich zu einem Defensivbündnis gegen die Makedonen zusammen.

338 v. Chr. Philipp II. von Makedonien erobert Korfu.

229 v. Chr. Das von illyrischen Piraten bedrohte Korfu unterwirft sich – als erster griechischer Stadtstaat – freiwillig den Römern und genießt als Teil der späteren Provinz Achaea die Pax Romana. Bis 330 n. Chr. bleibt es unter römischer, anschließend bis 1185 unter byzantinischer Herrschaft.

31 v. Chr. Marcus Antonius und Kleopatra verlieren gegen Oktavian die Seeschlacht bei Aktium gegenüber der Nordküste von Lefkada.

um 48 Die Paulus-Schüler Iason und Sosipater predigen auf Korfu.

330 Kaiser Konstantin verlegt die römische Reichshauptstadt nach Byzantion, das er in Konstantinopel umbenennt.

325 Der zypriotische Bischof Spyridon, später Patron Korfus, plädiert beim Konzil von Nikäa für die Trinitätslehre.

541 Während der Völkerwanderung plündert Ostgotenkönig Totila Korfu-Stadt.

1054 Schisma (Glaubensspaltung) zwischen katholischer und orthodoxer Kirche.

1081–83 Robert Guiscard, der Herzog von Apulien, erobert Korfu und Kefalonia. Byzanz gewinnt die Inseln aber rasch zurück.

1185 Der normannische König von Sizilien Wilhelm II. erobert Korfu, Kefalonia und Zakynthos vom Byzantinischen Reich.

1194 Matteo Orsini, Angehöriger eines der mächtigsten römischen Adelsgeschlechter, erhält Kefalonia, Ithaka und Zakynthos als normannisches Lehen. Er versucht vergeblich, die orthodoxe Kirche auf den Inseln zu unterdrücken.

1204 Eine Kreuzfahrerflotte plündert Konstantinopel und setzt katholisch-lateinische Kaiser ein.

1214 Das Despotat von Epiros, ein Nachfolgestaat des von den Kreuzfahrern zerschlagenen Byzantinischen Reiches, besetzt Korfu und Lefkada.

1266 Papst Clemens IV. ernennt Karl von Anjou zum König von Sizilien. Seit 1185 gehört auch die Lehensherrschaft über Kefalonia, Ithaka und Zakynthos zu diesem Reich.

1267 Auch Korfu wird von den Anjou erobert, die den Sitz ihres Königreichs nach Neapel verlegen.

1386 Die Venezianer übernehmen die Herrschaft über Korfu. 1402 wird sie durch die Bezahlung von 30 000 Golddukaten an das Königreich von Neapel besiegelt.

1403/1432 Genuesische Flotten versuchen vergebens, Korfu einzunehmen.

1453 Der Osmanensultan Mehmet II. Fatih erobert nach 54-tägiger Belagerung Konstantinopel. Damit endet die Geschichte des Byzantinischen Reiches.

1461 Thomas Palaeologos, als Despot des Peloponnes der letzte freie griechische Herrscher, flüchtet vor den Osmanen nach Korfu.

1479 Das Osmanische Reich dehnt seine Macht vom Festland auf Kefalonia, Ithaka, Zakynthos und schließlich Lefkada aus.

1482 Nach langen Verhandlungen überlässt das Osmanische Reich Venedig die Insel Zakynthos gegen eine Jahresgebühr von 500 Dukaten.

1489 Die Reliquien des hl. Spyridon werden aus Konstantinopel nach Korfu gebracht.

1500 Eine venezianisch-spanische Flotte erobert Kefalonia. Der Oberkommandierende der venezianischen Flotte für die Levante residiert in Korfu. Venezianisch wird Verwaltungs- und Bildungssprache, die Inseln erhalten italienische Namen: Korkyra = Corfù, Zakynthos = Zante, Leukas = Santa Maura. Venedig fördert Handel und Landwirtschaft, wovon heute noch die zahllosen Olivenbäume auf Korfu und Paxos zeugen. Allerdings muss der gesamte Handel der Inseln über Venedig abgewickelt werden.

1503 Als einzige Ionische Insel fällt Lefkada wieder an das Osmanische Reich.

1537 Die Osmanen belagern Korfu-Stadt erfolglos, plündern aber weite Teile der Insel und versklaven 20 000 Einwohner.

1555 Der spätere Inselheilige Gerasimos (1507-1579) kommt nach Kefalonia und lebt zunächst als Einsiedler in einer Höhle, bevor er sich dem später nach ihm benannten Kloster im Omala-Tal anschließt.

1571 Don Juan d'Austria gewinnt die Seeschlacht von Lepanto gegen die Osmanen. Im christlichen Geschwader kämpfen 15 000 Korfioten mit. – Im Stadttheater von Zakynthos werden die ›Perser‹ von Aischylos wiederaufgeführt.

1582 Venedig gesteht Korfu ein hohes Maß an Selbstständigkeit zu. Der Adel der Insel, der wie in Venedig in das sog. Libro d'Oro, das Adelsbuch, eingetragen wird, wählt 150 Räte, die wiederum drei Oberrichter bestimmen können.

1634 Ein Erdbeben auf Kefalonia fordert 540 Opfer.

1610/1640/1642/1652 Korfiotische Bauernaufstände gegen die venezianische Herrschaft werden niedergeschlagen.

1662–1729 Panagiotis Doxaras wird nach Studien in Venedig und Rom zum Protagonisten der Ionischen Malschule, die die Vorherrschaft des kretischen Ikonen-Stils überwindet.

Auf dem Holzstich von 1486 sind die zwei mächtigen Festungen über Korfu-Stadt zu erkennen

1669 Nach der osmanischen Eroberung Kretas emigrieren Tausende Kreter auf die Ionischen Inseln.
1684 Der venezianische Admiral Francesco Morosini erobert Lefkada von den Türken zurück und ermöglicht so die vorübergehende Besetzung des Peloponnes und Athens durch Venedig.
1716 Zweite osmanische Belagerung von Korfu. 30 000 türkische Soldaten werden unter Johann von Schulenburg zurückgeschlagen.
1718 Im Frieden von Passarowitz fällt der Peloponnes wieder an das Osmanische Reich.
1797 Napoleon erobert die Republik von Venedig. Im Friedensvertrag von Campoformio gehen die Ionischen Inseln an Frankreich.
1800–1807 Eine türkisch-russische Flotte besetzt die Ionischen Inseln und gibt ihnen als Republik der Sieben Inseln (Heptanes), dem ersten Staat der Neuzeit auf griechischem Boden, weitgehende Selbstverwaltung.
1807 Russland tritt im Frieden von Tilsit die Ionischen Inseln an Frankreich ab.
1808 Gründung der Ionischen Akademie, der ersten modernen Universität Griechenlands (1824 Neugründung durch Lord Guildford). Erste Unterrichtssprache ist Italienisch.

1489 kamen die Reliquien des hl. Spyridon nach Korfu

Otto von Wittelsbach, der erste König Griechenlands

Graf Kapodistrias setzte sich für die Ionischen Inseln ein

1809/1811/1814 Großbritannien annektiert Ithaka, Kefalonia, Zakynthos, Lefkada und Korfu.
1815–1864 Unter Vermittlung des zaristischen Außenministers Ioannis Kapodistrias wird die Inselgruppe beim Wiener Kongress britisches Protektorat. Die Briten fördern besonders den Straßen- und Brückenbau.
1821 Beginn des griechischen Freiheitskrieges gegen das Osmanische Reich.
1823 Lord Byron bereitet in Metaxata (Kefalonia) und Ithaka sein Eingreifen in den griechischen Freiheitskampf vor. Der Dichter Dionysios Solomos aus Zakynthos verfasst die spätere griechische Nationalhymne in der Volksspache Dimotiki.
1829 Im Frieden von Adrianopel erkennt der osmanische Sultan die Unabhängigkeit Griechenlands an. Die Ionischen Inseln werden noch nicht eingegliedert.
1832 Der Wittelsbacherprinz Otto wird erster König Griechenlands. Die auf bayerische Berater gestützte Regierung des kinderlosen Monarchen bleibt unpopulär.
1848 Bei der sog. Stavros-Revolte in Argostoli auf Kefalonia fordern etwa 200 Bauern die Vereinigung mit Griechenland.
1852 Italienisch wird als Amtssprache auf Korfu abgeschafft.
1858 Der spätere britische Premierminister William Gladstone macht als High Commissioner in Korfu Autonomie-Vorschläge.
1863 Der dänische Prinz Wilhelm Georg besteigt als Georg I. den griechischen Thron.
1864 Großbritannien übergibt die Ionischen Inseln an Griechenland.
1868 Heinrich Schliemann erforscht Ithaka. Er glaubt, auf dem Berg Aetos die Burg des Odysseus gefunden zu haben.
1889–1891 Kaiserin Sisi lässt eine Villa auf Korfu zum Achilleion umbauen.
1911–1912 Der deutsche Archäologe Wilhelm Dörpfeld gräbt auf Korfu und Lefkada, das er für das homerische Ithaka hält.
1907 Der deutsche Kaiser Wilhelm II. erwirbt das Achilleion – bis zum Ersten Weltkrieg wird Korfu sein beliebtestes Urlaubsziel.
1915 Trotz griechischer Neutralität besetzen französisch-serbische Verbände Korfu, das zum provisorischen Regierungssitz Serbiens wird.
1917 Die Deklaration von Korfu betont das Selbstbestimmungsrecht der Kroaten, Serben, Slowenen und Bosnier und ermöglicht so die Gründung eines jugoslawischen Staates.

1918 Griechenland besetzt Smyrna (heute Izmir) in Kleinasien.

1921 Prinz Philip von Griechenland, heute Duke of Edinburgh und Prinzgemahl der britischen Königin, wird in Mon Repos (Korfu-Stadt) geboren.

1921/22 Türkische Truppen marschieren in Westanatolien ein. 1,8 Mio. Griechen werden vertrieben. Einige Flüchtlinge siedeln sich auf Korfu an.

1923 Mussolini lässt wegen der Ermordung eines italienischen Generals, für die er Griechenland die Verantwortung gibt, Korfu bombardieren und besetzen. Nach einigen Monaten ziehen die Truppen wieder ab.

1936 Der ithakische General Ioannis Metaxas wird von König Georg II. zum Ministerpräsidenten ernannt. Unter dem Vorwand bevorstehender kommunistischer Unruhen ruft er die Diktatur aus.

1937 Der erste Flughafen Korfus eröffnet.

1937–1940 Der angloindische Schriftsteller Lawrence Durrell lebt in Kalami auf Korfu. In seinem 1945 erschienenen Buch ›Prospero's Cell‹ (dt. Schwarze Oliven) beschreibt er die Insel.

1939 Italien besetzt das benachbarte Albanien.

1940 Diktator Metaxas widersetzt sich der italienischen Forderung nach freiem Durchzug. Daraufhin erklärt Mussolini Griechenland den Krieg. Italienische Truppen besetzen die Ionischen Inseln. Flieger zerstören den Hafen von Korfu.

1943 Am 14. September bombardiert die deutsche Luftwaffe die Stadt Korfu, zerstört sie zu einem Drittel und macht 5000 Menschen obdachlos. Nur 34 von über 5000 italienischen Soldaten überleben die Septembermassaker der deutschen Wehrmacht auf Kefalonia.

1944 Die Opernsängerin Agnes Baltsa wird auf Lefkada geboren

1945–1949 Der griechische Bürgerkrieg zwischen Kommunisten und Royalisten endet 1951 mit der Wiedereinsetzung der Monarchie.

1946 Albanien und Griechenland liefern sich bewaffnete Scharmützel um Grenz- und Seerechtsfragen.

1953 Ein schweres Erdbeben auf Lefkada, Ithaka, Kefalonia und Zakynthos fordert 600 Todesopfer, etwa 70 % der Gebäude werden zerstört. Zehntausende wandern aus.

1956 Griechenland führt das Frauenwahlrecht ein.

1967 Putsch einer Militärjunta unter Papadopoulos. König Konstantin verlässt das Land.

1968 Aristoteles Onassis heiratet auf Skorpios die amerikanische Präsidentenwitwe Jacqueline Kennedy.

1974 Die Militärs unterstützen einen Putsch gegen den zypriotischen Präsidenten Makarios, worauf die Türkei Zypern besetzt. Wegen der Kriegsgefahr rufen die Militärs den greisen Politiker Konstantin Karamanlis zur Restauration der Demokratie zurück.

1981 Am 1. Januar wird Griechenland zehntes Mitglied der EG.

1984 Gründung der Ionischen Universität in Anlehnung an die Akademie, die 1864 nach dem Beitritt zu Griechenland geschlossen worden war.

1994 Louis de Bernières veröffentlicht ›Leutnant Corellis Mandoline‹. – In Korfu-Stadt wird die Erweiterung der EU um Österreich, Finnland, Norwegen und Schweden beschlossen.

1999 Die Bucht von Laganas in Süd-Zakynthos wird zum Nationalen Meeresschutzpark erklärt.

2002 Ende der Drachme. Die Rückseite der 20-Cent-Münze zeigt den korfiotischen ›Vater Griechenlands‹, Ioannis Kapodistrias.

2003 Während der griechischen EU-Präsidentschaft treffen sich die Agrarminister der EU im Achilleion.

2007 Der historische Kern von Korfu-Stadt wird zum Weltkulturerbe der UNESCO.

2010 Im November finden auf den Ionischen Inseln Regionalwahlen statt. Die PASOK erhält infolge des unpopulären Sparkurses der Regierung in Athen nur 26 % der Stimmen. Sieger wird die Nea Dimokratia.

2015 Im September findet die Neuwahl des griechischen Parlaments statt. Alexis Tsipras (Syriza-Partei) bleibt mit etwa 35 % der Stimmen Ministerpräsident. – Im November erschüttert ein Erdbeben der Stärke 6,1 die Insel Lefkada.

2016 14 griechischen Regionalflughäfen werden privatisiert, darunter Kerkyra auf Korfu, Kefalonia und Zakynthos.

Österreichs Bundeskanzler Vranitzky (2. v. r.) bei der Unterzeichnung des Beitrittsvertrags zur EU auf Korfu

Unterwegs

Die imposante Steilküste am Kap Drastis nahe Peroulades ist atemberaubend schön

Korfu – herrliche Strände, ein Meer an Olivenbäumen und venezianisches Flair

Korfu (griech. Kerkyra), wo einst mit Kaiserin Sisis Villa Achilleion der griechische Inseltourismus begann, ist heute neben Rhodos und Kreta das meistbesuchte griechische Eiland. Mediterrane Blütenvielfalt, ein Meer an Olivenbäumen sowie eine faszinierende Mischung griechisch-venezianischer Architektur und Lebensart erwarten hier den Besucher. Die urbane Eleganz von **Korfu-Stadt** mit seinen Bibliotheken, Orchestern und mondänen Cafés, seinen venezianischen Festungen, britischen Palästen und hochkarätigen Boutiquen zeugt von traditionsbewusstem Bürgerstolz. In reizvollem Kontrast zum quirligen Treiben der Inselmetropole steht das meist bergige **Hinterland** mit seinen Weinbauerndörfern und Kapellen, mit Honigverkäufern und Dorf-Kafenia, die oft zugleich als Tante-Emma-Laden die Versorgung der Orte sichern. Hier spricht die landschaftliche Schönheit der grünen Insel Korfu voll zu den Sinnen. Überwältigende Festlandspanoramen vom höchsten Inselgipfel **Pantokrator** (906 m), Serpentinen, die sich durch das urwaldgleiche Dunkel uralter silbergrauer **Olivenhaine** schlängeln, der wildwürzige Duft sonnenverbrannter Macchia-Sträucher und Wanderpfade zu Steilküsten und verschwiegenen Buchten – Korfu besitzt verschwenderisch viele Facetten. 220 km Küstenlinie mit über 30 blau beflaggten **Stränden** verheißen zudem Bade- und Wassersportvergnügen für jeden Geschmack.

1 Korfu-Stadt (Kerkyra)

Heimliche Kulturhauptstadt Griechenlands.

Malerisch zwischen zwei Festungen liegend und von Lagunen umgeben, gehört die Hafenstadt zu den schönsten und urbansten Orten ganz Griechenlands. Noch immer ist die multikulturelle Vielfalt der Metropole zu spüren, die im Laufe ihrer Geschichte venezianische, französische, britische und sogar albanische Eigenheiten aufgenommen hat: italienische Küche, die Flaniermeile des Liston, Ingwerbier und Cricket sowie jüdische Goldschmiedekunst sind lebendige Zeugen der Vergangenheit.

Neben herausragenden Museen und altersdunklen Kirchen, in denen goldgrundige Ikonen glänzen, hat die weitgehend in eine Fußgängerzone verwandelte Altstadt auch für den entspannten

Von der Neuen Festung schweift der Blick über die Altstadt Korfus. Rechts erhebt sich der Campanile der Kirche von Agios Spyridon

Einkaufsbummel viel zu bieten. Zahlreiche Gassen rund um die Kirche Agios Spyridon am Fuße des Kambielo-Hügels haben sich in Basarmeilen verwandelt, in denen orangefarbene Kumquats-Produkte, bommelbehängte Filzpantoffeln, orthodoxe Silberostereier, bunt bedruckte T-Shirts und Olivenholzmasken dem Besucher entgegenleuchten. Weniger touristisch, aber keinesfalls weniger trubelig ist dagegen der Vormittagsmarkt unterhalb der Neuen Festung, an dessen Ständen frischer Fisch und Meeresfrüchte, Obst, Gemüse und Gewürze feilgeboten werden.

Südlich des historischen Zentrums und der Garitsa-Bucht verbergen sich auf der 4 km langen Analipsi-Halbinsel einladende Parks, sehenswerte Klöster und Ausgrabungen des antiken Korkyra. Der berühmte Blick auf die Klosterinsel Vlacherna und die Mäuseinsel Pontikonisi krönt diese Tour, für die man einen zusätzlichen Tag einplanen sollte.

Geschichte In der Antike hielt man die Insel für die Heimat der gastfreundlichen Phäaken aus Homers ›Odyssee‹: Laut diesem Epos wurde hier einst der nackte Odysseus [s. S. 83] angespült und von der Prinzessin Nausikaa getröstet. Historisch fassbar ist 734 v.Chr. die Gründung der Kolonie Korkyra durch Siedler aus *Korinth*. Aufgrund ihrer strategisch günstigen Lage als Zwischenstation für Handelsschiffe erlebte die Kolonie einen raschen Aufschwung. 665 v.Chr. schlugen die selbstbewusst gewordenen Insulaner sogar die Flotte ihrer Mutterstadt. Einen weiteren Höhepunkt erreichten die Konflikte mit Korinth in dem Streit um die Kolonie Epidamnos, der zum Ausbruch des *Peloponnesischen Krieges* (431–404 v.Chr.) zwischen Athen und Sparta beitrug. In der Folgezeit unter der wechselnden Herrschaft der Spartaner, Makedonen und Illyrer unterwarf sich Korkyra 229 v.Chr. freiwillig der Oberherrschaft Roms. Bei der Teilung des Römischen Reiches 395 n.Chr. wurde die Insel zu *Ostrom* (Konstantinopel) geschlagen, das die ferne Reichsprovinz jedoch nur notdürftig schützte. Immer wieder plünderten Piraten und Nordafrikaner die fruchtbaren Küsten.

Im *Hochmittelalter* wurde die Insel erneut zum strategischen Spielball der Mächte. Süditalienische Normannen und Venezianer versuchten sie im 11. und 12. Jh. mehrmals als Sprungbrett für die Eroberung von Byzanz zu nutzen. Im 13. Jh. wechselten sich Dynastien wie das

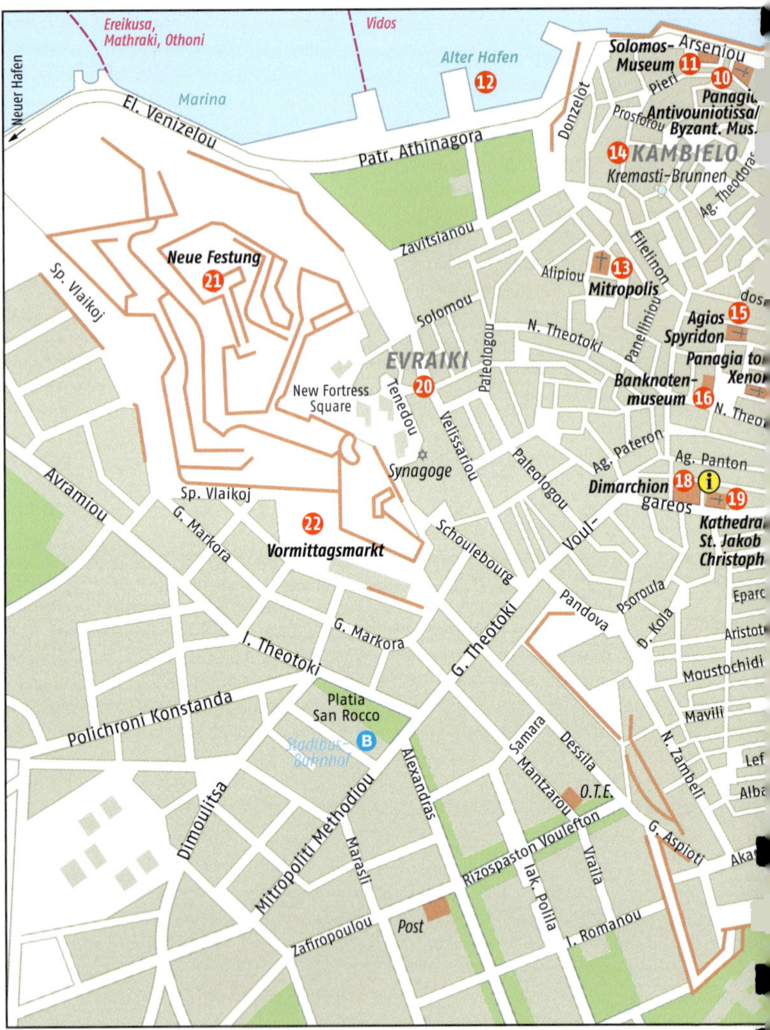

Despotat von Epiros, die Staufer und die Anjou von Neapel in der Herrschaft ab. Nach Adelsfehden sicherte sich schließlich *Venedig* im Jahr 1386 vertraglich die Insel und besiegelte 1402 den Machtwechsel durch die Übersendung von 30 000 Golddukaten nach Neapel. Damals bürgerte sich der bis heute übliche italienische Name Korfu für die neugriechisch Kerkyra genannte Insel ein.

Durch die venezianische Flotte, die ihr Oberkommando für die Levante hier stationierte, war Korfu vor den *Osmanen* geschützt. Fünfmal, 1431, 1537, 1571, 1573 und 1716, wurde es attackiert und blieb doch der einzige Ort Griechenlands, der nie von den Osmanen erobert wurde. Die relativ milde Herrschaft Venedigs dauerte bis 1797 an und prägt Korfu bis heute, die nachhaltige Förderung von Landwirtschaft und Handel trägt immer noch Früchte. Für das Pflanzen von Ölbäumen, deren Lampenöl bis nach Skandinavien exportiert wurde, waren sogar Prämien ausgesetzt.

1797 versetzte Napoleon der Republik Venedig den Todesstoß und annektierte die Ionischen Inseln. Zwei Jahre später eroberte eine russische Flotte Korfu, im Frieden von Tilsit wurde die Insel 1807 wieder an Frankreich abgetreten. Wie 1809 bereits Zakynthos, Kefalonia und

Ithaka sowie 1811 Lefkada besetzten britische Kriegsschiffe 1814 auch Korfu. Der Wiener Kongress stellte die Ionischen Inseln 1815 schließlich unter britisches Protektorat: Straßenbau, Wasserleitungen und höhere Bildung wurden nun verstärkt gefördert. Dennoch begrüßten 1864 die meisten Ionier begeistert die *Enosis* (Vereinigung) mit Griechenland. Wirtschaftlich erwies diese sich allerdings als Desaster: Die erst 1824 wiedergegründete *Ionische Akademie* wurde aus Geldmangel geschlossen, und Korfu-Stadt verpuppte sich in abblätterndem Charme. Dafür entdeckte auf den Spuren der österreichischen Kaiserin Elisabeth der aufkeimende Winter- und Frühlingstourismus der Belle Epoque Korfu als erstes griechisches Ferienziel.

Im September 1943 bombardierten italienische und deutsche Flieger Stadt und Hafen, die 2000 Mitglieder zählende jüdische Gemeinde wurde während der Besatzung zu 90 Prozent ausgelöscht.

Erst in den 1980er-Jahren ist Korfu-Stadt aus seinem levantinischen Dornröschenschlaf erwacht. Es gibt seit 1984 wieder eine Universität, und umfangreiche Restaurierungsmaßnahmen erweckten vielerorts die einzigartigen historischen Zeugnisse aus Korfus wechselvoller Geschichte zu neuem Leben.

Hinter ihren venezianischen Mauern bauten die Briten die Alte Festung weiter aus

Liston und Spianada

Ein faszinierendes Stück altes Europa und Griechenlands schönster Salon: Das ist der **Liston** ① mit seinen eleganten, von altmodischen gusseisernen Laternen geschmückten Frontarkaden. Die Kaffeehausmeile wurde während der kurzen napoleonischen Besatzungszeit von Matthieu de Lesseps entworfen. Dennoch fühlt man sich weniger an französische Vorbilder erinnert, als an die Kolonnaden des Markusplatzes in Venedig. Echt levantinische Grand Cafés, in denen korfiotische Herren bei süßem *Elliniko* oder britischem Ingwerbier (*Tsitsibira*) Tageszeitungen studieren, sind inzwischen allerdings selten geworden. Zumindest im Sommer haben Touristen den Liston erobert, und Etablissements wie das bei der lokalen Jeunesse Dorée beliebte *Kochli* oder das *Libro d'Oro da Capri* haben sich zu musikbeschallten Frappé-Bars im Italo-Stil entwickelt.

Eines der schönsten Vergnügen bleibt es, von den schattigen Tischchen auf den auch in größter Sommerhitze gepflegten und von Baumreihen umstandenen Rasen der **Spianada** ② (Esplanade) zu blicken. Hier duckten sich einst Häuserzeilen der Altstadt im Schatten der Festung, bis sie 1576 einer freien Schussbahn geopfert wurden. Heute trainieren hier hin und wieder die Cricketspieler von Korfu-Stadt – praktisch identisch mit Griechenlands Nationalmannschaft – als sportliche Erben der britischen Epoche. Ein gusseiserner *Musikpavillon* dient als Bühne für Jazzsessions, Blaskapellen und Osterkonzerte. Ein paar Schritte davor erinnert ein modernes *Denkmal* mit allegorischen Inselreliefs an die Enosis, den 1864 erfolgten Anschluss des Heptanes (der sieben Ionischen Inseln) an das griechische Mutterland.

Womöglich war es Heimweh, das die französischen Besatzer Korfus ab 1807 dazu veranlasste, mit dem Liston entlang der Spianada die Pariser Rue Rivoli in Korfu-Stadt nachzubauen

Beliebtes Plätzchen für ein Rendezvous ist am Südrand der Rasenflächen die **Maitland Rotunda** 3. Der ionische Monopteros wurde 1824 zum Gedenken an den ersten britischen Hochkommissar Thomas Maitland errichtet. Nahebei blickt von der meist im Sonnenlicht gleißenden Uferpromenade die Büste von *Dionysios Solomos* [s. S. 108] herüber, des Dichters der griechischen Nationalhymne. Südlich davon trotzt auf einer von Autos und Fiakern umbrausten Insel das **Kapodistrias-Denkmal** 4 des ersten griechischen Präsidenten [s. S. 54] dem Verkehr.

Ein gutes Stück weiter nördlich steht vor der Alten Festung das auffällige **Schulenburg-Denkmal** 5: Mit Allongeperücke und laszivem Hüftknick posiert hoch auf einem massiven Sockel die Marmorstatue des bei Magdeburg geborenen Graf Johann Matthias von der Schulenburg, der 1716 die Verteidigung Korfus gegen die osmanische Übermacht leitete.

Von der Zugangsbrücke zur Alten Festung bietet sich ein malerischer Blick hinab auf die **Contrafossa**, den 15 m breiten venezianischen Kanal zwischen Stadt und Zitadelle. Ursprünglich führte eine hölzerne Zugbrücke über die Wasserstraße. Heute liegen Boote vor den kleinen Hütten vertäut, die einheimische Freizeitkapitäne an den Ufern errichtet haben.

Die mächtige **Alte Festung** 6 (Paleo Frurio, tgl. 8.30–15 Uhr) selbst, deren Ursprünge auf das 6. Jh. zurückreichen, war das Kernstück des vom venezianischen Staatsarchitekten Michele Sanmicheli

Johann von der Schulenburg gelang es 1716, Korfu gegen die Osmanen zu verteidigen

Dorische Säulen, Marmor und Fries zieren die Fassade des Gouverneurspalastes

(1484–1559) entworfenen Verteidigungssystems und später der britischen Hafenbastionen. Beim Anschluss Korfus an Griechenland wurde sie wie alle ionischen Festungen geschleift; aus dem 16. Jh. überdauert haben lediglich weite Teile des Mauerrings. Die Verwaltungsbauten und aufgelassenen Kasernen innerhalb des ausgedehnten Forts entstanden erst unter britischer Herrschaft, ebenso die 1830 in Form eines dorischen Tempels errichtete anglikanische Garnisonskirche *Saint George* (heute orthodox). Einen Ausblick auf Korfu-Stadt bietet der von Feigenkakteen überwucherte und von einem Leuchtturm bekrönte Doppelhügel im Zentrum der Festung, nach dem Abstieg lockt vis-à-vis der Georgskirche ein Café mit Erfrischungen.

Wenige Spaziergänger trifft man in dem kleinen Park nördlich des Schulenburg-Denkmals, in dem ein weit ausladender malaiischer Magnolienbaum mit Luftwurzeln seine Schatten auf eine Sitzstatue des Philhellenen Lord Guildford wirft, der 1824 die Ionische Akademie neu gründete.

Der mächtige **Gouverneurspalast** 7 aus maltesischen Kalkstein, den der Architekt George Whitmore 1816–24 als Sitz der britischen Hochkommissare entwarf, schließt die Spianada gegen Norden ab. Die klassizistische Hauptfassade ziert ein umlaufender dorischer Säulengang, in der Attika sind die Symbolreliefs des Heptanes, der sieben Hauptinseln des britischen Protektorats, zu entdecken. Die ursprünglich diesen Reigen bekrönende Britanniastatue wurde 1864 durch das Wappen Korfus, ein antikes Schiffsmodell, ersetzt. Rechts davon sind Zakynthos durch einen mythischen Helden sowie Paxos durch den Dreizack des Poseidon versinnbildlicht. Die schaumgeborene

Die Statue Frederick Adams, Kommandeur in der Schlacht von Waterloo vor dem Museum für Asiatische Kunst, sollte auch die französische Herrschaft über Korfu vergessen machen

Die Gebäude an der alten Mole von Faliraki beherbergen heute Konferenzräume, ein Café lädt zu Frappé und Kuchen. Im Hintergrund ist die kleine Insel Vidos zu sehen

Aphrodite neben einem rein dekorativen Feld ganz rechts symbolisiert die Insel Kythira, die einst ebenfalls dem Heptanes angehörte. Ganz links wird Lefkada durch die Figur des Pegasus vertreten, darauf folgen das Haupt des Odysseus als Symbol Ithakas sowie der als Jäger dargestellte Kephalos als Emblem Kefalonias.

Eine Besichtigung des Palastes, der das sensibel arrangierte **Museum für Asiatische Kunst** (Di–So 8–20 Uhr) beherbergt, lohnt sich wegen seiner prunkvollen Innenräume sowie der *hochkarätigen Kollektionen* griechischer Diplomaten, die hier vereint sind: Lackarbeiten, Paravents, Opiumpfeifen, die Rüstung eines Samurai und Jadeschnitzereien entführen in die exotische Welt Japans und Chinas. Im Obergeschoss befinden sich die *Zeremonialsäle* des 1817 in London gegründeten Ordens der hll. Michael und Georg, der zunächst ionische und maltesische Kolonialbeamte aufnahm – heute präsidiert Großmeister Prinz Edward über Ordensträger aus dem ganzen Commonwealth. Im Thronsaal hängen die Porträts des britischen Königs Georg IV. und des griechischen Monarchen Georg I. nebeneinander, die Hestia-Rotunde in zartem Wedgwood-Blau diente als Ballsaal.

Im östlichen Seitenflügel des Palasts befindet sich die **Städtische Pinakothek** (Di–So 10–16 Uhr), in der Wechselausstellungen vorwiegend einheimischer Künstler des 19. und 20. Jh. zu sehen sind. Eine Oase der Erholung ist das *Kafe Techni* (Art's Café) im Palastgarten.

Das begrünte Areal vor dem Gouverneurspalast dominiert ein aus der Bauzeit des Palasts stammender **Säulenbrunnen**, auf dem sich eine antikisierende Statue des Lordhochkommissars Sir Frederick Adam (1824–32) erhebt. Dieser hatte einst mit seinen schottischen Regimentern die Schlacht von Waterloo entschieden. Der Schöpfer der Statue, Pavlos Prosalentis, lernte bei Napoleons Lieblingsbildhauer Antonio Canova. Bücherwürmer werden von der nostalgischen **Reading Society** 8 (Odos Kapodistriou 120, www.anagnostikicorfu.com, Mo–Sa 9.30–13.30 Uhr und Mo, Mi, Fr nachmittags nach Vereinbarung) entzückt sein. Die Sammlung der 1836 als Literaturclub gegründeten Bibliothek umfasst Bücher, Stiche, Fotografien und Drucke zur Kulturgeschichte der Insel.

Von hier kann man durch ein Tor zur alten Mole von **Faliraki** 9 hinunter spazieren: In der modernen Uferbar *En Plo* verbringt Korfus Jugend gern die Sommernächte, auch in der Grilltaverne des altmodischen Agios-Nikolaos-Bades direkt bei den Festungsgräben bleiben die Einheimischen meist unter sich. Ein schmaler Sund, den die Fährschiffe passieren müssen, trennt Faliraki vom bewaldeten Inselchen **Vidos** (in der Hauptsaison stdl. Boote vom Alten Hafen), von dessen Uferrestaurant man abends einen privilegierten Blick auf die illuminierte Festung genießt.

Die einschiffige Kirche **Panagia Antivouniotissa** ⑩ (Odos Arseniou, Di–So 8.30–15 Uhr) aus dem 15. Jh. mit ihrer tizianroten Wandtapete gibt den idealen Rahmen für das heute hier untergebrachte *Post-Byzantinische Museum* ab. Hier wird anhand von Exponaten des 15.–19. Jh. deutlich, wieviel die Ionische Malschule kretischen Künstlern verdankt, die einen venezianisch geprägten ›post-byzantinischen‹ Malstil entwickelten. Ein typisches Beispiel ist die Heiligengruppe ›Sergios, Bakchos und Justina‹, die *Michael Damaskinos*, der Lehrer El Grecos, 1571 als Dank für den Sieg über die Türken in der Seeschlacht von Lepanto malte. Eine Kuriosität ist eine scheinbar vierhändige Panteleimons-Ikone. Sie belegt, dass verblasste Heiligenbilder häufig eher neu übermalt als aufgefrischt wurden.

Das private **Solomos Museum** ⑪ (Odos Arseniou 41, Mo–Sa 9.30–14 Uhr) informiert auf Griechisch über den auf Zakynthos geborenen Dichter Dionysios Solomos (1798–1857), dem Verse gelangen wie z.B. ›Mein Inneres und das Meer kommen nie zur Ruhe‹.

Weiter geht es auf der engen, stark befahrenen Hochuferstraße Arseniou zum **Alten Hafen** ⑫. Heute legen hier nur noch Ausflugsboote an, vor den Straßencafés warten im Sommer naiv bemalte Pferdedroschken.

Dank Einflüssen aus Kreta wirken die Ikonen im Byzantinischen Museum relativ lebendig

Kirchen und Paläste zwischen Kambielo und Theotoki-Straße

Zwei moderne marmorne Patriarchenbüsten stehen an der Hafentreppe zur 1577 errichteten **Mitropolis** ⑬ symbolisch Spalier. Die der *Panagia Spiliotissa* (Grottenmadonna) geweihte orthodoxe Kathedrale birgt eine Fülle an frommen Bildern und in einem Silbersarkophag in einer Kapelle rechts vom Altar den Leichnam der hl. Theodora, für die Händel ein Oratorium vertonte. Die Ostkirche verdankt dieser byzantinischen Kaiserin bis heute eines ihrer augenfälligsten Charakteristika – sie verbot nämlich 843 die Bilderstürmerei und führte den Ikonenkult wieder ein.

Wäscheleinen von Fenster zu Fenster, enge Treppenwege, auf denen sich junge Katzen sonnen, bröckelnde Fassaden und frisch lackierte Holzjalousien, kleine Obsthändler und versteckte Bars – im romantischen Labyrinth des venezianisch benannten Hügels **Kambielo** ⑭ ist das morbide Flair des alten Korfu-Stadt erhalten geblieben. Eines der schönsten Fleckchen ist der verträumt wirkende Kremasti-Platz mit dem 1669 gestifteten reliefverzierten *Kremasti-Brunnen* und der im 16. Jh. entstandenen Kirche gleichen Namens.

Von Goldschmuck, Heiligenbildchen, verblassenden Olympiasouvenirs und orange schillernden Kumquats-Likören buchstäblich überwucherte Gassen geleiten fast unweigerlich zu der 1590 geweihten Kirche **Agios Spyridon** ⑮. Schon vom Meer her fällt sie durch den rostrot überkuppelten höchsten Campanile der Insel auf. Den kostbar schimmernden holzgetäfelten und von Weihegaben ausgeschmückten Innenraum teilt eine seltene marmorne Ikonostase im italienischen Hochaltarstil. Riesige Medaillons, Kopien der beschädigten Barockleinwände von Panagiotis Doxaras (1662–1729), schmücken die vergoldete Kassettendecke. Sie zeigen Szenen aus dem Leben des aus Zypern

TOP TIPP

Das Leben in vollen Zügen genießen kann man auf dem idyllischen Mitropolis-Platz vor den Stufen zur gleichnamigen Kathedrale, die 1577 der Panagia Spiliotissa geweiht wurde

stammenden Inselpatrons Spyridon, der für seinen originellen Dreifaltigkeitsbeweis beim Konzil von Nikäa (325) berühmt ist: Er präsentierte Kaiser Konstantin einen Ziegel, der die drei Elemente Erde, Wasser und Feuer in sich vereint. Als überzeugender Effekt wirkten dabei die aus dem Ton schlagenden Flammen und herabfallenden Wassertropfen. In einer grottenartigen, rußgeschwärzten Kapelle, die man durch eine Tür in der Ikonostase betritt, küssen Gläubige im Licht funkelnder Öllampen den silberbeschlagenen Sarkophag des Heiligen.

Unweit der Kirche öffnet sich der ›zypriotische Heldenplatz‹ *Platia Iroon* mit dem auffälligen tempelartigen Gebäude der griechischen Nationalbank, in dem ein kleines **Banknotenmuseum** 16 (Mi, Fr 8.30–14 und 17–20, Do, Sa, So 8.30–15 Uhr) sämtliche neugriechischen Scheine sowie den Entstehungsprozess von Bank-

Dem eleganten Rathaus (Mitte) von Korfu-Stadt an der blumengeschmückten Platia Theotoki ist seine ursprüngliche Funktion als venezianisches Adelscasino noch deutlich anzusehen

Korfu-Stadt
Halbinsel Analipsi
0 150m
Strand
Aussichtspunkt
Flughafen
23 Archäologisches Museum
24 British Cemetery
Grab des Menekrates
Alexandras
Dimokratias
Alkinou
GARITSA
Georgaki
Kavos, Lefkimi, Achilleion
Dimokratias
25 Agii Iason und Sosipatros
Nafsikas
Stadtfriedhof
PALEOPOLIS
E. Theotoki
Strandbad Mon Repos
Flughafen
Paleopolis
27
Agios Theodoros
29
Artemis-Tempel
28
Schloss Mon Repos
Mon Repos
26
Odos Aritis
Odos Oikoismos Figaretto
Hera-Tempel
Odos Analipsis
Kardaki-Quelle
Kardaki-Tempel
ANALIPSI
Odos Nafsikas
Limni
Chalkiopoulou
KANONI
30 Vlacherna-Kloster
31 Pontikonisi
Karte s. S. 20/21
Potamos
Mandouki
Alepou
Korfu-Stadt
Halbinsel Analipsi
Kanali
Krissiida

noten zeigt. Vis-à-vis beherbergt die Kirche **Panagia ton Xenon** 17 eine beeindruckend archaische silbergerahmte Marienikone. Der Platz mündet in die elegante **Odos Theotoki**, die Haupteinkaufsstraße der Stadt, mit exquisiten Boutiquen und edlen Cafés.

An der weiter südlich terrassenartig angelegten Platia M. Theotoki prunkt unverkennbar venezianisch das 1663–1691 erbaute **Dimarchion** 18 (Rathaus), einst Adelscasino und Theater, mit großen Maskenköpfen über den bis zum Boden reichenden Fensterbögen und mächtigen Bossenquadern. Fassadenmedaillons zeigen u.a. die Phäakenprinzessin Nausikaa und das Flügelross Pegasus.

Die benachbarte katholische **Kathedrale St. Jakob und Christophorus** 19 entstand als Nachfolgebau einer im Zweiten Weltkrieg zerstörten Kirche. In Anbetracht ihrer Funktion als geistiges Zentrum der römisch-katholischen Gemeinde Korfus ist ihre Ausstattung bemerkenswert schlicht. Zahlreiche neue goldgrundige Ikonen im Innenraum dokumentieren eine Öffnung katholischer Traditionen für die religiöse Bildsprache der Griechen.

Im Westen der Altstadt liegt zu Füßen der Neuen Festung das ehemalige Judenviertel **Evraiki** 20, das durch deutsche Deportationen und Bombardements während des Zweiten Weltkriegs praktisch ausgelöscht wurde. Lediglich ein 2001 aufgestelltes Denkmal an der Ecke Odos Velissariou und Odos Solomou sowie die unscheinbare *Synagoge* (nur zum Sabbatgebet geöffnet) an der Odos Tenedou erinnern heute daran.

Der ausgedehnte Komplex der aus dem 16. Jh. stammenden und im 19. Jh. von den Briten ausgebauten **Neuen Festung** 21 (Neo Frourio, tgl. 9–19 Uhr) hat trotz aufwändiger Restaurierung historisch außer klotzigen Mauern wenig zu bieten. Ein perfekter Fotoblick eröffnet sich von den Zinnen hinab auf Korfu-Stadt und den Hafen, die besonders im Nachmittagslicht rotgolden aufleuchten.

TOP TIPP Ein Fußgängertunnel direkt vor der Kasse geleitet zum **Vormittagsmarkt** 22 (Mo–Sa 7–14 Uhr) mit kleinen Cafés, der Garküche *Rouvas*, Fischständen sowie Obst-, Gemüse- und Gewürzhändlern. Unter der Fülle lokaler Produkte findet man auch ›Spezialitäten‹ wie schwarz gepunktete Äugleinbohnen, orangefarbene Kumquats, grüne Salattomaten oder dunkelblaue Korinthen.

Der geflügelte Markuslöwe über dem Eingangstor der Neuen Festung symbolisierte die Macht Venedigs

Vom Archäologischen Museum bis zum Vlacherna-Kloster – die Halbinsel Analipsi

Mit dem großartigsten antiken Kunstwerk der Ionischen Inseln kann südlich der Altstadt das in einem nüchternen

Beute aus dem Ionischen Meer auf dem Vormittagsmarkt unterhalb der Neuen Festung

Prunkstück des Archäologischen Museums ist der Giebel des Artemis-Tempels. Die furchterregende Gestalt der Medusa sollte Feinde vom Betreten des Heiligtums abhalten

Zweckbau untergebrachte **Archäologische Museum** 23 (Odos Vraila 1, derzeit wegen Renovierung geschl.) aufwarten. Der eine ganze Saalwand ausfüllende Gorgo-Medusa-Giebel (ca. 590 v. Chr.) stammt vom auf der Analipsi-Halbinsel gelegenen Artemis-Tempel [s. S. 32]. Obwohl nicht vollständig erhalten, beeindruckt er durch seine strenge Monumentalität. Mit fletschenden Zähnen und bleckender Zunge ist Gorgo-Medusa, deren schlangenumringte Fratze die Zauberkraft hat, das Gegenüber zu versteinern, im sog. Knielaufschema dargestellt. Sie scheint auf dem Sprung zu sein, denn der Bildhauer hielt hier den Moment kurz vor ihrer Enthauptung durch Perseus fest. Die beiden Kinder, die dem Mythos nach anschließend ihrem Haupt entsprangen, befinden sich unmittelbar neben ihr: zu ihrer Rechten das nur fragmentarisch erhaltene Flügelross Pegasus und zur Linken der menschengestaltige Chrysaor. Flankierend zur Seite stehen ihr zwei geschmeidige, gefleckte Großkatzen, welche die Museumsbroschüre diplomatisch als ›Pantherlöwen‹ bezeichnet. Sie sind Symbol für die Macht der Medusa über die Tierwelt. Die Giebelecken füllen kleinere Kampfszenen. Weitere beachtliche Exponate in den angrenzenden Räumen des Museums sind der rastende korinthische Löwe (7. Jh. v. Chr.), der 1843 unweit des Menekrates-Grabmals gefunden wurde, eine Stele für den gefallenen Arniades (6. Jh. v. Chr.), deren hexametrische Inschrift bustrophedisch (wie der Ochse den Pflug führt) hin- und herläuft, ein spätarchaisches Gastmahlrelief mit Männerpaar (ca. 500 v. Chr.) sowie

In dem Schloss Mon Repos im gleichnamigen Park wurde 1921 Prinz Philip, seit 1947 Gemahl der englischen Königin Elisabeth II., geboren

Die Kirche Agii Iason und Sosipatros ist den beiden Missionaren Korfus geweiht, die das Christentum im 1. Jh. n. Chr. auf der Insel verbreiteten

12 Terrakotta-Statuen (480 v. Chr.) der Jagdgöttin Artemis als Hirsch- oder Löwenträgerin.

Die ausgedehnten südlichen Stadtviertel Korfus auf der Analipsi-Halbinsel, die von Parks, Villen, dem Flughafen und teilweise sogar Landwirtschaft geprägt sind, erkundet man am besten mit einem motorisierten Zweirad oder Auto. In dem 1855 eröffneten **British Cemetery** 24 befinden sich 13 Gräber aus dem Ersten und 16 aus dem Zweiten Weltkrieg sowie ein Sammelgrab mit Opfern einer Schiffskollission. Hier wird heute noch bestattet, und es ist der einzige Ort auf Korfu, wo Verstorbene auch in Aschenurnen ihren Frieden finden können – in der orthodoxen Kirche ist die Feuerbestattung verpönt. Der Friedhofsgärtner George Psailas pflanzte mit großem Eifer in ›seinem‹ Gottesacker Araukarien, Sequoias, Orchideen und ungezählte andere Blumen. 1988 erhielt er für seine in 60-jährigem Einsatz erworbenen Verdienste von der Queen sogar einen Orden.

Die fotogene Kreuzkuppelkirche **Agii Iason und Sosipatros** 25 im Stadtteil Anemomylos wurde im 11. Jh. aus antiken Steinblöcken und Ziegelschichten aufgemauert. Der Innenraum birgt eine barocke Ikonostase sowie wertvolle Ikonen (um 1650) von Emmanuel Tzanes, einem Vertreter der Kretischen Malschule. Hierzu zählen die ›Jungfrau mit Kind‹ und ›Christus als Weltenherrscher‹ sowie in der Vorhalle die Darstellungen der beiden Titelheiligen, die um das Jahr 80 Korfu missionierten.

Mit seinen Zedern, Lorbeerbäumen und verschlungen durch dichtes Grün führenden Pfaden ist der ausgedehnte Park **Mon Repos** 26 ein idealer Ort für Spaziergänger oder ein romantisches Stelldichein. Das namengebende *Schlösschen* im Zentrum des Areals wurde 1828–32 im Regency-Stil für den britischen Gouverneur errichtet. Hier kam 1921 Prinz Philip, der spätere Gatte der Queen, auf einem Küchentisch zur Welt. Sein von den Republikanern zum Tode verurteilter Vater Prinz Andreas von Griechenland und seine Mutter Alice Battenberg verließen bereits im September 1922 mit dem erst 18 Monate alten Baby Korfu für immer. Heute beherbergt das Schlösschen ein *Museum* (Di–So 8–15 Uhr), das

Von Kanoni aus bietet sich der schönste Blick auf das hübsche Vlacherna-Kloster, eines der Lieblingsmotive aller Korfu-Reisenden

dem antiken Stadtteil Paleopolis gewidmet ist. Im weitläufigen Park sind zudem Reste eines Heratempels (6. bzw. 4. Jh. v. Chr.) sowie weiter südlich die Grundmauern des Kardaki-Tempels (6. Jh. v. Chr.) auszumachen.

Gegenüber dem Parktor liegt das frei einsehbare, umzäunte Ausgrabungsgelände von **Paleopolis** 27, der ›antiken Stadt‹, mit einer aus antiken Spolien errichteten frühchristlichen Basilika und römischen Thermen, die beim Goteneinfall zerstört wurden.

Wenige Besucher verirren sich zu den Fundamenten des archaischen **Artemis-Tempels** 28, von welchem der Gorgo-Medusa-Giebel im Archäologischen Museum [s. S. 30] stammt. Um 590 v. Chr. errichtet, hatte der Kultbau einst Ausmaße von 48 m Länge und 22 m Breite. Weitgehend *in situ* rekonstruiert ist der Freialtar mit geriefelten Triglyphenplatten. Reichlich Baumaterial lieferten die Steine des Tempels für das angrenzende Nonnenkloster **Agios Theodoros** 29 (tgl. 9–13 und 17–20 Uhr), dessen ältester Kern aus dem 5. Jh. stammt. Sehenswert ist vor allem der stimmungsvolle, von Weinreben umrankte Innenhof.

An der Südspitze des Villenviertels *Kanoni* bieten ein Terrassen- und ein Ufercafé den weltberühmten Fotoblick auf das weiß gekalkte Vlacherna-Kloster und die dahinter liegende Insel Pontikonisi. Getrübt wird die Idylle allerdings durch die Lage direkt am Ende der Start- und Landebahn des Flughafens. In der Sommersaison donnern hier die Chartermaschinen fast im Viertelstundentakt über die Köpfe der Klosterbesucher. Dieses unmittelbare Schauspiel bietet allerdings für viele auch den Reiz einer eigenen Sehenswürdigkeit. Das über einen Steg zu erreichende **Vlacherna-Kloster** 30, das nach dem berühmten Marienkloster im Kaiserpalast Konstantinopels benannt ist, sieht von außen mit seinem weißen Glockensegel (*Kodonostasis*) weit reizvoller aus als von innen – den Großteil des winzigen, mit Blumentöpfen geschmückten Klosterhofs nimmt ein Andenkenshop ein. Die recht unscheinbare Klosterkirche entstand um das Jahr 1700.

Vom Kai bieten Kaikis die Überfahrt zur verträumten Insel **Pontikonisi** 31 (zu deutsch: ›Mäuseinsel‹), die von Zypressen dicht bestanden ist. Eine Gedenktafel an der aus dem 13. Jh. stammenden Sotiraskirche erinnert an einen Besuch der österreichischen Kaiserin Sisi im Jahr 1861.

i Praktische Hinweise

Information

EOT Greek National Tourism Organisation, Ecke Rizopaston Voulefton, Polila Straße (Nähe Postamt), Korfu-Stadt, Tel. 26 61 03 75 20, Mo–Fr 8–14 Uhr

Bus

Stadtbus: Innerhalb Korfu-Stadt sowie auf der Analipsi-Halbinsel verkehren regelmäßig die blauen Stadtbusse. Zentraler Busbahnhof ist die Platia M. Theotoki, wo Fahrkarten und Fahrpläne erhältlich sind.

Fernbus: Die Überlandbusse (www.greenbuses.gr) verbinden Korfu-Stadt mit fast allen wichtigen Orten der Insel, der zentrale Busbahnhof liegt an der Ethiniki Odos Lefkimmis 13. Dort gibt es einen Auskunftsschalter mit Fahrkartenverkauf und Fahrplänen. In der Hauptsaison kann es

vorkommen, dass der Bus bei Eintreffen an der Haltestelle bereits voll ist und daher keine weiteren Fahrgäste mehr aufnimmt. Es empfiehlt sich daher, möglichst einen frühen Bus zu wählen und zeitig an der Haltestelle zu erscheinen.

Schiff

Hafenamt, am Neuen Hafen, Korfu-Stadt, Tel. 26 61 04 55 51, www.corfuport.gr. Ausflugsboote fahren im Sommer vom Neuen Hafen nach Paxos, Antipaxos und Kefalonia sowie zum griechischen Festland nach Parga.

Alexandros, am Neuen Hafen, Korfu-Stadt, Boot zu den Diapontischen Inseln mehrmals wöchentlich ab ca. 6.30 Uhr.

Ionian Cruises, Odos Ethnikis Antistaseos 4, Korfu-Stadt, Tel. 26 61 03 86 90. Ausflugsboote vom Neuen Hafen nach Parga, Igoumenitsa, Paxos und Albanien.

Kerkyra Lines, Odos El. Venizelou 38, Korfu-Stadt. Tel. 26 61 02 38 74. Autofähre vom Neuen Hafen über Igoumenitsa nach Paxos viermal pro Woche, direkt nach Igoumenitsa mehrmals tgl.

Hotels

******Cavalieri Hotel**, Odos Kapodistriou 4, Korfu-Stadt, Tel. 26 61 03 90 41, www.cavalieri-hotel-corfu-town.com. Das Cavalieri Hotel bietet viel Patina und eine schöne Dachterrasse für den Sundowner mit Blick auf die Alte Festung.

*****Bella Venezia**, Odos N. Zambeli 4, Korfu-Stadt, Tel. 26 61 04 65 00, www.bellaveneziahotel.com. Palasthotel mit erschwinglichen Preisen.

****Konstantinoupolis**, Odos Zavitsianou 11, Korfu-Stadt, Tel. 26 61 04 87 16. Traditionelles (seit 1862), gut geführtes Haus mit Stil und nostalgischem Flair direkt am Alten Hafen gelegen. 31 Zimmer mit teilweise fantastischem Blick. Netter Service, abends nicht ganz leise.

****Sunset Hotel,** Alykes Potamou, Korfu-Stadt, Tel. 26 61 03 12 03, www.sunsethotelcorfu.gr. Etwa 2 km vom Stadtzentrum entfernt, Zimmer mit Meerblick. Mit dem Bus erreicht man sehr schnell das Zentrum, außerdem sehr gutes Preis-Leistungs-Verhältnis.

Kritisch blicken die antikisierenden, von Kaiserin Sisi persönlich ausgewählten Statuen über den Innenhof des Achilleion

Restaurants

TOP TIPP **Anthos**, Maniarizi Arlioti 15, Korfu-Stadt, Tel. 26 61 03 25 22. Etwas abseits vom Trubel in einer Seitengasse gelegenes Familienrestaurant, zeitgenössische Küche mit lokalen Zutaten.

Chrysi, Odos Sebastianou 44, Korfu-Stadt, Tel. 26 61 04 61 75. Winzige Garküche, die mittags, wenn Griechen sich in dem kleinen Raum drängen und in die offenen Kochtöpfe schauen, zu Höchstform aufläuft.

Estiatorion Rex, Odos Kapodistrias 66, Korfu-Stadt, Tel. 26 61 03 96 49. Seit 1932 eine Institution gleich hinter dem Liston. Lebendiges Restaurant, das Korfu-Klassiker wie *sofrito* oder Kaninchen hinreißend gut zelebriert.

Gouvelis, Ethn. Antistaseos 14b, Korfu-Stadt, Tel. 26 61 02 45 82. Intimer kleiner Familienbetrieb am Neuen Hafen mit vielen griechischen Stammgästen, wo frischester Fisch gegrillt wird.

Papagiorgis Konditorei, Nikeforou Theotoki 32, Tel. 26 61 03 94 74. Auf Korfu ist der Laden berühmt für sein Eis und Süßigkeiten aus einheimischen Produkten.

Pane e Souvlaki, Plateia Demarcheiou, Tel. 26 61 02 01 00, www.panesouvlaki.com. Schöne Atmosphäre eines griechischen Straßenlokals bzw. einer Grilltaverne direkt am Demarcheiou-Platz. Sehr lecker und preiswert.

Psistaria Nikolaos Bardis, Prosalendou 1, Korfu-Stadt, Tel. 26 61 04 29 70. Günstig und gut: Gyros Pitta in einer Gasse hinter dem Alten Hafen.

Venetian Well, Pl. Kremasti, Korfu-Stadt, Tel. 26 61 55 09 55. Der abgeschiedene Platz im Kambielo-Viertel mit Marmorbrunnen lädt zum romantischen Candlelight-Dinner. Griechische Nouvelle Cuisine wie frische *Dolmadakia*-Weinblätter mit Wildreisfüllung oder Kaninchen mit Aprikosen. Meist nur abends.

Nachtleben

TOP TIPP **Bristol Café Bar**, Eugeniou Voulgareos 49, Korfu-Stadt, Tel. 69 36 66 01 01. Einer der beliebtesten Treffs in der Altstadt, hier ist den ganzen Tag Betrieb. Abends oft nur noch Stehplätze.

2 Achilleion

TOP TIPP *Kaiserin Sisis Märchenpalast und Antikentraum.*

tgl. 8–20 Uhr,
Tel. 26 61 05 62 10
www.achillion-corfu.gr/default_en.html

Korfus meistbesuchte Attraktion ist das auf einem Hügel bei Gastouri in einen skulpturengeschmückten Garten eingebettete Achilleion. 1889 hatte die österreichische Kaiserin Sisi das Grundstück mit der damaligen Villa Braila erworben, um sie in zwei Jahren Bauzeit von dem Neapolitaner Raffaele Caritto zu einer pompösen Residenz im altgriechisch-pompejanischen Stil umbauen zu lassen. So entstand das bis heute weitgehend im Originalzustand erhaltene Achilleion, das seinen Namen Sisis Leidenschaft für die griechische Mythologie und speziell für den Helden Achill verdankt [s. S. 36]. 1907, neun Jahre nach Sisis Tod, kaufte Kaiser Wilhelm II. das Anwesen, in dem er bis 1914 jedes Frühjahr mit seiner Familie verweilte. Im Ersten und Zweiten Weltkrieg diente es als Militärhospiz sowie als Hauptquartier der italienischen und deutschen Besatzer, später als Wohnheim, Schule, Kinderheim und erstes Kasino Griechenlands, das mittlerweile in das Corfu Holiday Palace Hotel nach Kanoni umgezogen ist. 1994 war es Gastgeber einer Gipfelkonferenz der Europäischen Staatengemeinschaft. Öffentlich zugänglich sind das Erdgeschoss mit seinem riesigen, von feinen Fresken geschmückten Vestibül und Teile des subtropischen Gartens.

Sisis Märchenpalast weckt unterschiedliche Gefühle: Viele sind von dem reichen Zierrat an Säulen, Säulchen und Skulpturen begeistert, andere empfinden diese *Greek folly* als geschmacklosen Kitsch. Dies gilt nicht nur für die strahlend weiße figurenbestückte Fassade, sondern auch für die bis ins kleinste Detail von Kaiserin Sisi selbst ausgestalteten Innenräume. Interessant sind die hier ausgestellten teils persönlichen Erinnerungsstücke an Sisi und Kaiser Wilhelm II.

Über Gartentreppen seitlich der Villa gelangt man zum marmorgepflasterten Peristyl mit einem Arion-Brunnen und der ›Galerie der Philosophen‹ mit meist aus Italien stammenden Statuen. Durch ein Fenster lässt sich ein Blick auf Franz von Matschs martialisches Kolossalgemälde ›Achill schleift Hektors Leiche um die Mauern Trojas‹ erhaschen. Im Park fesselt Kaiserin Sisis Lieblingsstatue, der von Ernst Herter geschaffene ›Sterbende Achill‹ (1881), der sich den Pfeil aus der Ferse zu ziehen versucht, den Blick. Auf der großen Aussichtsterrasse dahinter, in die der Garten mündet, ragt die von Wilhelm II. entworfene monumentale Bronzestatue des ›Siegreichen Achill‹ auf [s. S. 36].

Einst führte von hier ein Gartenweg hinunter zur Küste und zu Kaizer's Bridge. Heute ist der bei Anglern beliebte Privatkai mit Marmordelphinen nur noch von der Uferstraße aus zu betreten, die eigentliche Brücke wurde 1944 von deutschen Truppen gesprengt, da sie den Transport eines schweren Geschützes behinderte.

Einer Kaiserin angemessen ist die Prachtentfaltung im Treppenhaus des Achilleion – doch glücklich wurde Sisi auch hier nie

Praktische Hinweise

Restaurants

Taverna Tripas, Kynopiastes, 4 km westl. von Gastouri, Tel. 26 61 05 63 33, www.corfu-tripas.com. Onassis und Anthony Quinn waren schon hier, viele Busgruppen auch, die meist erst das benachbarte Olivenölmuseum besuchen. Die 1936 gegründete Taverne serviert Spezialitäten wie Lamm am Spieß sowie in Pergament gegartes Rindfleisch. Nur abends geöffnet.

To Pouli tsi Kotas, Gastouri, Tel. 26 61 05 65 61. Nostalgisches Musiklokal für abends: Spezialitäten sind *Bekri meze* (Schweinefleisch mit Paprika) und *Imam* (Auberginen auf türkische Art).

So hätte Kaiser Wilhelm II. wohl auch seine Soldaten gern gesehen: muskulös, heldenhaft und unerschrocken

Sisi und Wilhelm II. – zwei konträre Philhellenen

»Mein Held ist Achilles. Er hat alle Könige verachtet und nur seinen Träumen gelebt«, so bekannte die österreichische **Kaiserin Sisi** (1837–1898) ihrem Tagebuch. Denn die sportliche, gertenschlanke bayerische Prinzessin, früh vom Wiener Hof enttäuscht und ihrem pedantischen kaiserlichen Gatten Franz-Joseph innerlich entfremdet, entwickelte neben einer Vorliebe für ungarische Parforcejagden auch eine Schwärmerei für die natürlichen Instinkte der griechischen Antike. Gerade der **homerische Einzelgänger** Achill, der sich vor Troja trotzig mit seinen königlichen griechischen Kampfesgenossen angelegt hatte, wurde ihr persönlicher Favorit, ja ihr Rollenvorbild.

Nachdem sie das vom damals österreichischen Triest aus leicht zu erreichende Korfu schon einmal 1861 durchstreift hatte, ließ sie im Achilleion für 9 Millionen Goldfrancs ihre kaiserlichen Fantasien in Stein bannen. Überschwänglich berichtet die fließend Griechisch sprechende Kaiserin in Briefen von der Schönheit der Insel und den Begegnungen mit dem einfachen Landvolk, ja sie träumt davon, auf Korfu Frieden im Leben und Tod zu finden. Er war ihr nicht vergönnt. Nach dem nie ganz geklärten Freitod ihres einzigen Sohnes Rudolf 1889 in Mayerling, von dem sie im Achilleion erfuhr, nahm sie ihr rastloses Reiseleben wieder auf, dem schließlich 1898 am Genfer See der Dolch eines Anarchisten ein blutiges Ende bereitete.

Nicht den Rebellen, sondern den siegreichen Militär sah **Kaiser Wilhelm II.** (1859–1941) in Achill. Der Hohenzoller und Hobbyarchäologe, von seinem Hauslehrer Hinzpeter in Altgriechisch gedrillt, erwarb 1907 die verwaiste Villa und setzte sofort martialische Akzente. Vor den leidenden Heroen Achill Kaiserin Sisis, ein großartiges neubarockes Werk im Stile Berninis, stellte er die selbst entworfene Version des griechischen Helden als 5,5 m hohen **Soldatenkoloss**. Doch die Vorstellung, dass das deutsche Heer ähnlich erfolgreich sein würde wie der mythische Held, erwies sich als Irrglaube. 1918 hatte Wilhelm II. den Krieg, den Thron und das Achilleion mitsamt seinem ledernen Lieblingsstuhl in Form eines Sattels verloren. So vereint dieser Ort die unerfüllten Träume zweier Majestäten, die Achill auf höchst unterschiedliche Weise verehrten.

Dicht bewaldete Hügel prägen die Landschaft um den ruhigen Familienurlaubsort Mesongi mit seinen gemütlichen Tavernen und dem schmalen Strand

3 Benitses, Moraitika und Mesongi

Auch pauschal hat seinen Reiz.

Das bevorzugt von Reiseveranstaltern angebotene und mittlerweile bei osteuropäischen Familien beliebte **Benitses** hat sich in den letzten Jahren vom einstigen Ziel des Massentourismus zu einem eher gemütlichen Badeort entwickelt. Zwar ist der Kieselstrand im Bereich des Zentrums oft nur handtuchbreit, doch gibt es auch zahlreiche kleine Kieselbuchten unterhalb der Küstenstraße, wo einfache Tavernen Liegestühle vermieten. Wem es hier zu trubelig ist, der kann in die stillere Oberstadt des einstigen Fischerdorfs spazieren, wo sich unspektakuläre *Ruinen* eines römischen Bades erhalten haben. Das *Corfu Shell Museum* (Mai–Okt. tgl. 10–18 Uhr, Tel. 26 61 07 22 27) am nördlichen Ortsrand bietet eine eher skurrile Sammlung von Muscheln, Haifischzähnen, Alligatoren und ausgestopften Lämmlein.

Ebenso lebendig hat sich **Moraitika** mit seinem ca. 5 m breiten Sandstrand entwickelt: In dem lang gezogenen Straßenort gibt es rund um die Uhr geöffnete Imbissbuden, jede Menge Motorradvermieter und Supermärkte. Wer es meditativer schätzt, zieht sich zum Sonnenuntergang in eine der Tavernen im Old Village wie etwa das gut ausgeschilderte Terrassenlokal *Bella Vista* zurück.

Ursprünglich geht es in **Strongyli** (versteckte Auffahrt durch den Bogen des Marbella-Hotels in Agios Ioannis) zu, wo ein Dorfkafenion und die Taverne Spiros die wenigen Gäste versorgen.

Ideal für Familienurlaub ist das südlich an Moraitika angrenzende **Mesongi** mit seinem ländlichen Charme. An der Küstenstraße Richtung Boukari prägen dezente griechische Ferienhäuser und verträumte Ufertavernen das Bild.

Ein besonderes Vergnügen bieten die frühen Morgenstunden oder die Dämmerung am Fischerhafen von **Petriti**, wo die Fischer direkt von den bunt lackierten Kuttern ihren Fang verkaufen und Netze geflickt werden. Ein Ausflug führt hinauf in das ursprüngliche Bergdorf **Hlomos** (5 km westl.) mit schönem Fernblick auf die Korission-Lagune.

i Praktische Hinweise

Hotels

*****Belvedere Hotel**, Agios Ioannis, Tel. 26 61 07 24 42, www.belvedere-corfu.gr. Das weiße Haus 3 km südlich von Benitses mit eigenem Mini-Strand lockt

Die Erzengel-Kirche von Hlomos befindet sich am oberen Ende des Dorfes

mit Last-Minute-Tarifen, die ihr Geld wert sind. Besser nur Frühstück buchen.

**Egrypos, Petriti, Tel. 26 62 05 19 49, www.egrypos.gr. Familie Kourtesis verwöhnt in dieser apfelsinenfarben gestrichenen kinderfreundlichen Dorfpension zahlreiche deutsche Stammgäste.

Restaurants

Klimataria, Benitses, Tel. 26 61 07 12 01, www.klimataria-restaurant.gr. Auf der Tavernenmeile sticht das Angebot dieses Mezedopolion, spezialisiert auf Vorspeisen wie Gigantenbohnen oder gebackenen Käse, besonders hervor.

TOP TIPP **Boukari Beach Restaurant**, Boukari, Tel. 26 62 05 17 91, Mobil 69 37 02 84 57, www.boukaribeach.gr, 4,5 km nach Mesongi an der Küstenstraße. Schon der Ort Boukari selbst ist ausgesprochen idyllisch, unter den guten Tavernen am Strand begeistert vor allem das Boukari Beach Restaurant. Hummer mit Spaghetti und Garnelen in Knoblauchsauce sind die Spezialitäten.

Potamaki, Boukari, Tel. 26 62 05 10 95. Fotini Vlachopoulou ist aus Bielefeld nach Korfu zurückgekehrt und hat mit ihrer Familie eine verträumte winzige Taverne am Meer aufgemacht, wo man stundenlang den Fischern zusehen kann. Ein Insidertipp für *Psari fresko*.

Zak's Family Tavern, Mesongi, Tel. 26 61 07 60 36. Gipskitsch, viele Blumen und inspirierter Service an der Hauptstraße nach Moraitika. Vorzügliche selbstgemachte *Orektika*.

4 Lefkimi und Kavos

Beschaulichkeit und Ekstase.

Lefkimi ist mit 5000 Einwohnern der zweitgrößte Ort der Insel – und wird doch nur von einem Bruchteil der Korfutouristen besucht. Als Hauptattraktion des Städtchens, das aus der Pentichora (›fünf Dörfer‹) Rigalades, Anaplades, Agios Theodoros, Potami und Melikia zusammengewachsen ist, gilt der zum Kanal ausgeschachtete Fluss *Lefkimi*, der wie eine beschauliche Gracht voller ankernder Boote das Stadtzentrum kreuzt. Hier geht das griechische Dorfleben noch seinen angestammten Gang, in den Läden kaufen Frauen mit schwarzer Tracht und Kopftüchern ein, und hin und

Beschaulich schaukeln die Fischerboote auf dem Kanal von Lefkimi

wieder muss man einem Esel ausweichen, der Olivenholzscheite schleppt. Vom modernen Hafen außerhalb des Ortszentrums verkehren billige Fähren nach Igoumenitsa und im Sommer auch Ausflugsboote nach Paxos. Für Vogelfreunde sind die **Salzpfannen** 2 km nördlich sehenswert.

Kaum deutsche Touristen zieht es in den 5 km weiter südlich gelegenen Briten-Ballermann **Kavos** mit seinen Pubs und Videosälen. Jedenfalls haben sich die Fischer längst zurückgezogen und den unter 25-Jährigen das Feld und die eher mäßigen Sandstrände überlassen.

Unberührt von dem Rummel ist die Südspitze Korfus geblieben. Vom 134 m hohen **Kap Asprokavos** mit der Kapelle *Moni Panagias* lässt sich bei klarem Wetter bis Paxos schauen und auf Klippenpfaden zum einsamen, von Felsen gerahmten Arkoudila-Strand hinuntersteigen. Auch der schöne Sandstrand *Agiou Gordi Paleochori* beim Kap Arkoudila verheißt Badefreuden ohne Massen, und in Dörfern wie **Spartera**, **Dragotina** und **Kritika** kämpfen wie eh und je ältere Herren beim Schwingen von *Kombolos*-Rosenkränzen gegen die Langeweile an.

i Praktische Hinweise

Hotel

****Erofili Hotel**, Asprokavos, Tel. 26 62 06 16 00, www.erofili-corfu.gr. Das familiengeführte Hotel mit Pool, Café-Restaurant und Minimarkt verbindet Entertainment und Qualität.

Restaurant

Efta Café-Bistro, Lefkimi, Tel. 69 45 20 01 28. Das gegenüber der Schule gelegene Bistro bietet leckere Meze-Gerichte zu günstigen Preisen.

5 Agios Georgios Argyradon und die Korission-Lagune

Sandwanderungen und Zugvögelparadiese.

Soweit das Auge reicht, erstrecken sich rötlicher Sand und eher flache Dünen. Der Ort **Agios Georgios Argyradon**, dessen touristische Infrastruktur an der langen Uferstraße bis zum Marathias-Strand auf-

gereiht ist, umwirbt gezielt Surfer, die an der windreichen Küste in ihrem Element sind. Von einem unscheinbaren kleinen Anleger im nördlichen Teil des Ortes startet in der Saison zweimal wöchentlich ein Ausflugsboot nach Paxos und Antipaxos (Tickets und Informationen bei den Reiseagenturen an der Hauptstraße).

Recht ursprünglich geblieben ist das nahe **Argyrades**: An einer der Zufahrten warnt ein Straßenschild davor, dass sich der Dorfweg auf autountaugliche 1,70 m verengt.

Nach Norden gehen die Dünen in die Nehrung der unter Naturschutz stehenden, 10 km großen **Korission-Lagune** über. Der einst von den Venezianern angelegte See ist heute ein wichtiger Rastplatz für Kormorane, Reiher und über hundert Zugvögelarten. Da der Sund zum Meer von einer Fußgängerbrücke überspannt wird, können Strandläufer insgesamt fast 20 km Sandküste zwischen dem Barbarastrand (südlich von Agios Georgios) und dem Kap Gardiki mit dem Chalikounas-Strand abwandern.

Landeinwärts liegt das byzantinische **Gardiki-Kastell** (13. Jh.) der Despoten von Epiros. Außer imposanten Steinmauern, die noch einen Eindruck von der einstigen Größe der Anlage geben, ist von der wichtigsten südkorfiotischen Festung jedoch wenig erhalten. In der Nähe schenkt das *Weingut Livadiotis* exzellenten trockenen weißen Kakotrygis aus.

Besonders griechische Feriengäste wissen die individuellen kleineren Badebuchten des im Nordwesten anschließenden Küstenabschnitts zu schätzen. Schon die Anfahrt auf schmalen Straßen, die durch ein dunkles Labyrinth ausgedehnter Olivenwälder führen, ist ein Vergnügen. Wenig besucht sind der flache, gepflegte **Prasoudi-Strand**, zu dem man auf Holztreppen von einer hervorragenden Fischtaverne hinuntersteigt, und der 300 m breite sandige **Paramonas-Strand** (Felsen im Meer!) unterhalb eines fruchtbaren Tals, in dem sogar die knallorangen Kumquats wachsen.

i Praktische Hinweise

Hotels

*__Sofia Sagia__, Agios Matheos, Skala, Tel. 26 61 07 50 32, Mobil 69 34 94 92 31. Geschmackvolle Zimmer und Apartments neben einem idyllischen Gartenrestaurant bei der winzigen Bucht von Skala.

*__Villa Margarita__, Agios Georgios Argyradon, Tel. 26 61 03 98 49. Vierbett-Apartments in einer Anlage mit Palmen und Rasen an der Uferstraße.

Nur ein schmaler Kanal, von den Venezianern gegraben, verbindet die Lagune von Korission mit dem Meer. Sie wollten damit deren Versumpfung verhindern und Fischzucht ermöglichen

Die Felseninsel Ortholithos vor der Küste von Agios Gordi bildet den spektakulären Hintergrund für einen gelungenen korfiotischen Badetag

Costas Golden Beach Hotel, Agios Georgios, Tel. 26 63 09 62 08. Kleines, familiär geführtes Hotel direkt am Strand mit Pool und nettem Service.

Restaurants

Alonaki Bay Restaurant, Agios Matheos, Tel. 26 61 07 58 72. Im idyllischen Garten wird Korfiotisches wie die edle Bourdeto-Fischsuppe von rotem Drachenkopf (*Skorpios*) serviert. Schlichte Apartments.

Avra Oceanos Fish Taverna, Prasoudi, Tel. 26 61 07 63 58. Das Lokal auf einer Rasenterrasse über der sandigen Badebucht ist weithin für seine günstigen Fischspezialitäten berühmt. Vermietung einfacher Zimmer.

6 Sinarades und Agios Gordi

Bauernleben einst, Badespaß heute

Die Einwohner von **Sinarades**, einem der lebendigsten Orte im Landesinneren, wissen Tradition mit touristischem Charme zu verbinden. Einen Besuch wert ist das private *Folkloremuseum* (Mo–Sa 9–14 Uhr), das unauffällig zurückgesetzt an der Hauptstraße liegt und das Dorfleben zwischen 1860 und 1960 dokumentieren will. Ein bäuerlicher hölzerner Schemel für Gebärende, ein Floß aus Schilf und ein Schattentheater im türkischen Stil sind die auffallendsten Exponate des zweistöckigen Bauernhauses. Eine kurze Stichstraße führt hinauf zur einsamen *Aerostato Bar* mit prächtigem Küstenblick auf Agios Gordi.

Agios Gordi ist trotz der serpentinenreichen Anfahrt touristisch bestens erschlossen. Oberhalb des langen Sandstrands, vor dem ein Holzsteg entlangläuft, bietet eine ständig wachsende Anzahl von Hotels, Supermärkten, Bars und Restaurants ihre Dienste an. Besonders abends ist der Blick auf die von Felsen gerahmte Bucht, vor deren südlichem Kap eine *Ortholithos* genannte Felsnadelinsel aufragt, besonders stimmungsvoll. Als Ausflug bietet sich das liebenswerte Dorf **Pentati** zu Füßen des fast 500 m hohen Panteleimonsbergs an – auch hier ist der Meerblick von der sympathischen Bar *Chris Place* grandios.

i Praktische Hinweise

Hotel

The Pink Palace, Agios Gordi, Tel. 26 61 05 31 03, www.thepinkpalace.com. Preisgünstiger Komplex mit Doppel- und Mehrbettzimmern und eigenem Nachtclub. Eigener Transfer-Bus ab Piräus. Für jüngere Reisende, die etwas erleben wollen.

Der Kaizer's Throne, Lieblingsort von Kaiser Wilhelm II. auf Korfu, bietet eine herrliche Aussicht vom Gipfel des Pelekas auf Korfu-Stadt, den Pantokrator und das Meer

7 Pelekas und Ermones

Ein majestätischer Rundblick und drei begehrte Strände.

Der einst von den Blumenkindern der 1960er-Jahre geschätze Bergort **Pelekas**, der heute mit einigen hübsch herausgeputzten Tavernen aufwarten kann, ist oft nur Durchgangsstation auf dem Weg hinauf zu **Kaizer's Throne**. Seinen Namen verdankt dieser Felssporn in 270 m Höhe oberhalb des Ortes Kaiser Wilhelm II., der den Aussichtspunkt zu seinem Lieblingsplatz auf Korfu erkoren hatte. Wahrhaft kaiserlich ist auch der Panoramablick von hier auf Korfu-Stadt, den Pantokrator, das blaue Meer und die von Zypressen durchsetzten Olivenwälder.

TOP TIPP

In unmittelbarer Nähe liegen drei der bekanntesten Inselstrände. Den Anfang macht das von Apartmenthäusern dominierte **Glifadas** mit dem feinsandigen *Golden Beach*, an dem in Sommernächten das Leben tobt. Die landschaftlich dramatische, steil abfallende Bucht von **Ermones**, die von Felskaps mit eingefrästen Straßen eingefasst wird, ist mittlerweile fast völlig mit modernen Studios und Hotels zugebaut – eine Zahnradbahn bringt die Gäste vom Strand fast bis ins Zimmer.

Romantischer ist die Anfahrt nach **Mirtiotissas**, einst einem Lieblingstreff der Hippie-Generation. Doch sollte man sein Fahrzeug lieber auf dem Parkplatz stehen lassen und die achsenbrecherische Steilrampe zu Fuß hinuntergehen. Unten verstecken sich im Schatten schroffer Felsen saubere Sandstrände, an denen FKK zwar toleriert wird, aber allmählich aus der Mode zu kommen scheint. Das weiß gekalkte, kunsthistorisch unbedeutende *Mirtiotissakloster* (17. Jh.) auf einer Anhöhe über dem Strand wehrt sich mit einem Gitterzaun gegen das frivole Treiben.

Als Attraktion für Kinder lockt wenige Kilometer entfernt an der Hauptstraße Richtung Korfu-Stadt der Wasserpark **Aqualand** (www.aqualand-corfu.com, Mitte Mai–Okt. tgl. 10–18 Uhr, ab 15 Uhr ermäßigter Eintritt) mit einem riesigen Wellenbecken.

Praktische Hinweise

Hotel

/***Levant Hotel**, Pelekas, Tel. 26 61 09 42 30, www.levantcorfu.com. Gelbes neoklassizistisches Charme-Hotel mit 25 geschmackvollen Zimmern und dem Restaurant *Sunset* bei Kaizer's Throne. Die Terrasse bietet einen herrlichen Panoramablick.

Restaurants

Antonis, Pelekas, Tel. 26 61 09 42 89. Auf der einladenden Holzveranda steht das Vergnügen im Vordergrund, den Durchgangsverkehr der kleinen Platia zu beobachten. Abends gibt es vom offenen Grill *Kokoretsi* (Lamminnereien).

Nyrnberg, Livadi Ropa, Tel. 26 61 09 41 61. Michail Moumouris hat sich nach Gastarbeiterjahren in der Frankenmetropole mit dieser herrlich traditionellen Roadside-Taverne, die viele einheimische Stammgäste hat, selbstständig gemacht. Seine Spezialität sind Lammkoteletts (*Paidakia*), die nach Gewicht berechnet werden.

Taverna George, Ermones, Tel. 26 61 09 45 06. Die heitere 1969 gegründete Ufertaverne ist jeden Abend gut gefüllt.

8 Paleokastritsa

Wilde Badebuchten vor großartiger Felsenkulisse.

Kein anderes Ziel auf Korfu lässt so viele Urlauber schwärmen wie die im Seglerslang kurz Paleo getaufte ›Alte Burg‹. Schon die Anfahrt zu den Badestränden ist große Inszenierung. Durch eine endlos scheinende Folge von Poolhotels, Tavernen und Scootervermietern schraubt sich die Straße nach unten, bis man schließlich am *Limani* (Hafen) ankommt. Der Parkplatz dort ist gebührenpflichtig. Gleich links erstreckt sich der Hauptstrand Agios Spyridon, gesäumt von Hummertavernen und für Schnorchler interessanten Felskaps, mit seinen begehrten blauen Mietliegestühlen: ideal, um dem Treiben der bunt gestrichenen Kaikis und Ausflugsboote zuzusehen. Weniger mondän gibt sich der Strand Agios Petros auf der rechten Seite des Parkplatzes und der bewaldeten Felsenknolle mit dem Kloster Moni Theotokou.

Im Ortsgebiet sind weitere Kieselstrände wie die eher von Bootsbesitzern angesteuerte **Alipa-Bucht**, der individuelle **Platakia-Strand** und der **Ambelakia-Strand** mit Tauchzentrum zu erreichen. Doch den wahren Paleo-Genuss bieten Exkursionen: *Glasbodenboote* unternehmen ganztägige Touren mit Grillpicknick zu den schönsten Stränden Richtung Ermones und den ›Blauen Grotten‹. Eine Alternative sind *Bootstaxis*, die Transfers mit Abholgarantie organisieren zu Buchten wie dem atemberaubenden TOP TIPP **Chomi-Strand**. Dessen von der Brandung rauschende Kiesel werden von lotrecht abfallenden Steilwänden überragt. Da die etwas abgelegenen Strände nicht bewirtschaftet sind, sollte man Wasser und eventuell Proviant von Paleokastritsa mitnehmen.

Die von herrlichen Badebuchten und bewaldeten Kaps gegliederte Küste von Paleokastritsa sucht in ihrer landschaftlichen Schönheit auf Korfu ihresgleichen

Das Glockensegel des Klosters Moni Panagia Theotokou vor strahlend blauem Himmel

Hauptsehenswürdigkeit von Paleokastritsa ist das im 18. Jh. errichtete Kloster **Moni Panagia Theotokou Paleokastritsa** (April–Okt. tgl. 7–13 und 15–20, Nov.–Mai tgl. 8–19 Uhr), der ›Gottesgebärerin‹, zu dem vom Hafen eine per Ampel geregelte Stichstraße hinaufführt. Die weiß gekalkten Mauern umschließen einen paradiesischen Garten mit Weinpergola, die hübsche Klosterkirche, eine still gelegte Ölmühle und die heute teils als Museum genutzten Trakte. Die einschiffige *Kirche* schmücken Ikonen des 18. Jh. mit Szenen der Schöpfungsgeschichte sowie eine Darstellung des ›Jüngsten Gerichts‹ aus dem 17. Jh. Ein bemerkenswertes Detail findet sich auf der rechten Kuss-Ikone: Unter der Entschlafung Mariens ist winzig klein ein Engel zu sehen, der einem Juden die Hände abhackt, weil dieser angeblich die unbefleckte Maria auf dem Sterbebett schänden wollte. Dieser frühchristlich-orthodoxe Antisemitismus findet auf modernen Bildern zum Glück keinen Platz mehr. Das kleine *Museum* zeigt Walgerippe, Ikonen und kostbare Bücher.

Das ganze Panorama von Paleokastritsa liegt einem zu Füßen, wenn man auf engen Straßen nach **Lakones** (ca. 10 km nördlich) hinauffährt, das mit seinen Terrassentavernen zu Recht den Beinamen ›Balkon des Ionischen Meeres‹ führt. Im regelmäßig von Rundfahrtbussen angesteuerten **Makrades** lohnt es sich, bei den Bauern am Ortsrand Halt zu machen, um günstig Olivenöl, Landwein und erlesenen Thymianhonig einzukaufen. Nur mit Mühe und Not kann sich ein Wagen durch den Ortsteil **Krini** hindurchschlängeln, auf dessen Miniatur-Platia die Zeit

Buntes Urlaubstreiben in einer der Buchten von Paleokastritsa: Unter den hoch aufragenden Felsen säumen Hotels, Tavernen und Cafés den dicht bevölkerten Strand

Dass Angelokastro nie erobert wurde, mag man beim Anblick der auf einem Felsen in schwindelnder Höhe über dem Meer erbauten Festung gerne glauben

stehengeblieben zu sein scheint: Ein kleines Erlebnis für sich bietet eine Kaffeepause im sehenswerten Tante-Emma-Laden *Hermes* von Popi Avgonithi oder eine Rast im *Old Café*, das in einer Vitrine ein kostbar besticktes rotes Hochzeitsjäckchen bewahrt.

Noch ein paar Serpentinen, und plötzlich liegt wie eine Fata Morgana hoch auf einem Felsen das nie eroberte **Angelokastro**: So unglaublich steil erschien späteren Generationen die Lage der im 13. Jh. entstandenen und bis ins 18. Jh. genutzten byzantinisch-venezianischen Festung, dass man ihre Errichtung Engeln zuschrieb. Einst konnte sie bis zu 3000 Menschen Zuflucht bieten, heute sind innerhalb der gewaltigen Außenmauern nur eine Zisterne sowie eine Kapelle und eine kleine Höhlenkirche erhalten. Dennoch lohnt der Aufstieg über steile Treppenwege, denn die Aussicht ist grandios.

Bei einem Ausflug in das 6 km östlich von Paleokastritsa gelegene Dorf **Liapades** taucht man in eine auch auf Korfu selten gewordene Welt ein. Die winzige Platia gleicht einer Filmkulisse: Nicht weniger als sechs *Kafenia* und ein Zigaretten-*Peripteros* streiten um die Gunst der alten einheimischen Herren, die bei zuckersüßem Kaffee interessiert die Wendemanöver verzweifelter Mietautobesitzer verfolgen. Einen Besuch wert ist die aus der venezianischen Epoche stammende Kirche *Agia Anastasia* mit ihren geheimnisvollen Fassadenreliefs. Den Innenraum schmücken eine ›lebensgroße‹ silberbeschlagene Kuss-Ikone und eine 450 Jahre alte Prozessionsfahne.

i Praktische Hinweise

Hotels

*****Hotel Apollon**, Paleokastritsa, Tel. 26 63 04 12 11 und 26 61 09 12 83, www.corfu-apollon-hotel.com. Treffpunkt von Rucksacktouristen, die Fassade der Herberge mit 42 Zimmern zeigt zum Hafen. Karaoke, Live-Musik und Quizabende – daher nichts für Musikempfindliche.

****Golden Fox**, Lakones, Tel. 26 63 04 91 01, Mobil 69 77 00 80 06, www.corfugoldenfox.com. Apartments mit Panoramablick und einem Pool, dessen Blau mit dem Meer wetteifert. Restaurant im Haus.

****Liapades Beach Hotel**, Liapades, Tel. 26 63 04 11 15, www.liapadesbeachhotel.gr. Charmantes Familienhotel oberhalb der Bucht von Liapades. Seine ›Cricketer Taverna‹, Stammlokal britischer Cricket-Spieler, bietet gute Hausmannskost und Live-Musik.

*/****Hotel Zefiros**, Paleokastritsa, Tel. 26 63 04 12 44, Mobil 69 48 07 44 50, www.zefiroscorfuhotel.gr. Das älteste Hotel am Platze (seit 1934) liegt wenige Schritte vom Hafen. Einfach, geschmackvoll, preisgünstig.

Pool und Aussicht von der Terrasse des Golden Fox Hotels lassen den Alltag rasch vergessen

Restaurants

Akron Beach Bar and Restaurant, Paleokastritsa, Tel. 26 63 04 12 26, www.akron.gr. Salate, Snacks und Drinks in entspannter Atmosphäre am Strand Agia Triada, mit Tennis- und Kinderspielplatz, Mitte Mai–Mitte Okt.

To Steki, Doukades, Tel. 26 63 04 17 01. Bodenständige Grilltaverne in ruhigem Bergdorf 3 km nördlich von Liapades.

9 Afionas und Agios Georgios Pagon

Blumenort mit Zauberblick und eine schlicht gebliebene Sandbucht.

Der deutsche Archäologe *Wilhelm Dörpfeld* war aufgrund seiner Funde am Kap Arilla fest davon überzeugt, das antike Afionas sei jene in der Dichtung Homers beschriebene Burg des Phäakenkönigs Alkinoos, dessen Tochter Nausikaa den nackt an den Strand gespülten Odysseus so gastfreundlich aufnahm. Heute kommen hier weniger Odyssee-Forscher als Individualtouristen an, die den nostalgischen Charme dieses hoch über dem Golf von Agios Georgios thronenden Städtchens genießen wollen. Denn tatsächlich wirkt **Afionas** so, als hätten die Bewohner sich vorgenommen, einen Blumendorf-Wettbewerb zu gewinnen. Vor abblätternden hellenisch-blauen oder pastellgrünen Fensterläden blühen Bougainvillea und Bleiwurz, Stechapfel und Trompetenbaum.

Punkten kann der luftige Ort auch mit seinem unvergleichlichen Panorama auf die *Diapontischen Inseln* [s. S. 47] und das unbewohnte Eiland *Kravia*, das gleich einem buckligen Seeungeheuer vor der Nordwestküste Korfus aus der Straße von Otranto ragt. Auf verschiedenen Tavernenterrassen wird zum Naturspektakel des Sonnenuntergangs beste Familienküche serviert.

Für ermattete Spaziergänger hat die Gemeinde oberhalb des Orts gusseiserne Aussichtsbänke aufgestellt. Vom Aussichtspunkt aus führt ein Pfad zur Taverna Dionysos am oberen Ortsrand von Afionas. Durch ein Tor der Taverne gelangt man auf einem Maultierpfad in zahlreichen Kehren zur **Doppelbucht von Porto Timoni**. Die etwa 30-minütige Wanderung dorthin sollte nur mit geeignetem Schuhwerk und langen Hosen vorgenommen werden, da die Wegstrecke zu großen Teilen von Stechginster überwuchert und nicht mehr eindeutig kenntlich ist, aber die herrliche Zwillingsbucht mit Bademöglichkeit entschädigt für die Strapazen des Weges. Private, geführte Touren bietet der deutschsprachige Wanderführer Kostas Nikolaou (Tel. 26 81 07 92 27, www.wandern-natur.com). Das Kap von Porto Timoni mit seinem winzigen Leuchtturm erreicht man nur per Boot.

TOP TIPP

Das Seebad **Agios Georgios Pagon** zieht viele deutsche, aber auch griechische Stammgäste an. An der Sandbucht dösen Liegestuhlvermieter unter improvisierten Strohdächern, doch auch der eigenwillige Uferstraßenverlauf und die einfachen Pensionen lassen hier die lieb gewonnene Illusion eines gerade erst touristisch erwachenden Griechenlands noch intakt. Camping- und Caravan-Urlauber wissen die ebenfalls schlicht gebliebene, weiter nördlich gelegene *Arillas-Bucht* zu schätzen.

i Praktische Hinweise

Einkaufen

Ilios, Agios Georgios Pagon/ Pagi, Tel. 26 63 09 60 43, www.ilios-living-art.com. 1996 von deutschen und griechischen Goldschmieden und Künstlern ins Leben gerufenes Projekt. Hier kann man Goldschmiedekurse belegen und das geschaffene Geschmeide anschließend mit nach Hause nehmen. Auch beim Finden von Unterkünften ist man gern behilflich.

Oliven und Meer, Afonias, Tel. 26 63 05 20 81, www.olivenundmeer.de. Der kleine feine Laden direkt am Kirchplatz verkauft neben korfiotischen Spezialitäten auch die empfehlenswerten ›Der Bulle von Korfu‹-Krimis von Roberto Bardéz, die spielerisch Einblicke in die griechische Gesellschaft vermitteln.

Restaurants

The Golden Moon, Agios Georgios, Tel. 26 63 09 63 61, www.corfu-angelos-rooms.com. Das Essen ist traditionell griechisch. Der Inhaber Angelos Bardis, früher bei der Handelsmarine und Restaurantbesitzer in New York, vermietet auch 15 Zimmer mit Meerblick.

Panorama, Afionas, Tel. 26 63 05 18 46. Gemüse und Olivenöl aus Eigenanbau, Feta von eigenen Schafen und dazu ein hinreißendes Belvedere auf die Diapon-

Ereikoussa, Mathraki und Othoni – die Diapontischen Inseln

Den Sonnenuntergangsblick auf die Diapontischen Inseln von Afionas genießen viele, doch nur wenige Korfu-Reisende finden Zeit, diesen Archipel zwischen Apulien und Korfu genauer zu erforschen. Dabei ist die **Beschaulichkeit** der von Hektik und Massen gänzlich unberührten Inseln mit ihren uralten Olivenwäldern, eindrucksvollen Steilküsten und reizvollen einsamen Stränden eine besondere Attraktion. So sind die Inseln ein ideales Ziel für geruhsame **Wanderungen** und ungestörte **Badefreuden**.

Im Sommer ist die einfachste und schnellste Anreisemöglichkeit ein **Bootsausflug** von Sidari, Agios Stefanos, Roda oder Acharavi, während ganzjährig die **Schiffslinie Aspiotis** (Tel. 26 61 36 52 00, www.aspiotislines.gr) von Agios Stefanos und eine **Autofähre** von Korfu-Stadt [s. S. 33] die Inseln ansteuern. Heute leben hier insgesamt noch etwa 400, zumeist ältere Menschen, die Jugend ist ausgewandert nach Korfu, aufs Festland oder nach Amerika. Lediglich im Sommer erhöht sich die Zahl der Insulaner kurzfristig durch Jachtbesitzer, italienische Fischgourmets und Tagesausflügler, die den besonderen Reiz dieser ›anderen Welt‹ entdecken wollen.

Nur 43 Seemeilen von der apulischen Küste entfernt in der Straße von Otranto liegt **Othoni**, die mit 9 km² größte und exklusivste Diapontische Insel. Vom Hafenort *Ammos* führen herrliche einsame Wanderwege zu den Ruinen von *Chorio* (ca. 1 Std.). Als schönste Strände gelten *Fyki* und die türkisblaue *Kalypso-Bucht*, die nur per Boot zu erreichen ist – sie streitet mit Malta um die mythologische Ehre, die Heimat der Nymphe zu sein, die Odysseus verführte..

Dicht bewaldet ist das nur 3,5 km² große **Mathraki**, das Agios Stefanos auf Korfu am nächsten liegt und wegen seiner Sandstrände und als Schnorchelrevier zunehmend beliebt ist. Für Übernachtungsgäste gibt es jedoch nur wenige Privatzimmer. Die einzige Straße verbindet die piratensicher im Inselinneren liegenden Orte *Kato* und *Ano Mathraki*, dessen Taverne einen weiten Ausblick auf den kleinen Hafen und die Küste genießen lässt. Südlich davon erstreckt sich der 3 km lange, superbe rotsandige *Portelo-Strand*.

Wegen seiner geringen Entfernung zu Sidari am häufigsten von Ausflugsbooten angefahren wird die ebenfalls bewaldete, hügelige Insel **Ereikoussa**. Hier gibt es auch ein Hotel (Hotel Erikousa, Porto, Tel. 26 63 07 15 55 und 26 61 03 01 62 von Okt.–Mai, www.hotelerikousa.gr, 100 m vom Strand, schöne Zimmer und Restaurant), die meisten Tavernen und Zimmervermieter. Beim Hafendorf *Porto* lockt ein feiner Sandstrand, ein halbstündiger Spaziergang führt zum einsameren *Pangini-Strand*.

tischen Inseln! Das Lokal des sympathischen Familienbetriebs ist von April bis Oktober geöffnet, ganzjährig werden auch günstige Apartments vermietet.

10 Sidari

Ein Liebeskanal, Poolbars und weiße Klippen.

Bacon and eggs und eisgekühltes Lager, ziemlich authentische indische Restaurants wie das Kohenoor und Pubs, die erstaunliche Kollektionen von Rugby-Hemden ihr eigen nennen – keine Frage: der einstige Fischerort Sidari ist längst ein Stück *Klein England* geworden. Da die meisten britischen Badegäste gerne am hoteleigenen Pool verbleiben, fällt die nicht befriedigend geklärte Abwassersituation nicht so sehr ins Gewicht, dabei hätte der lange, kinderfreundlich seichte Sandstrand, hinter dem die Vergnügungsmeile beginnt, Besseres verdient.

Gut getarnt hinter einem Hotelpool und bis an die äußersten Klippen vorgeschobenen Bartischen liegt auch Sidaris Hauptattraktion, ein Sandsteinfjord namens **Canal d'Amour**. Der Ursprung der Legende, dass Frauen den Mann ihres Herzens bald ehelichen werden, wenn sie beim Durchschwimmen des wenige Meter langen Sundes an ihn denken, verliert sich in der Grauzone zwischen Volksmärchen und touristischer Imagepflege.

Reizvoller ist die Fahrt durch den dezenteren Ferienort **Peroulades**. Von hier geht es auf steiler unasphaltierter, aber für Autos geeigneter (und deswegen verstaubter und für Wanderer unerfreulicher) Straße hinunter in eine winzige Bucht. Sie bietet kaum genug Platz für ein Dutzend Liegestühle und eine improvisierte Bar, gewährt dafür aber herrliche Blicke auf die windverschliffenen weißen Sandsteinformationen von **Kap Drastis**. Ein Ausflugsboot tuckert von hier zum Canal d'Amour oder weiter südlich nach Agios Stefanos.

Die dramatischsten Sonnenuntergänge inszenieren sich wenige Kilometer westlich von Kap Drastis vor dem **Longas-Strand** mit handtuchschmalem Badestreifen unter steilen Felsklippen. Von hier führt die Straße weiter über *Avliotes* nach **Agios Stefanos Avlioton**, rund um dessen attraktiven langen Sandstrand in den letzten Jahren zahlreche neue Ferienanlagen entstanden. Vom kleinen Hafen legen die Fähren zu den Diapontischen Inseln [s. S. 47] ab.

Gelb blühender Ginster, das Blau des Meeres und die in der Sonne gleißende, strahlend weiße Steilküste bei Peroulades: Kein Maler könnte dieses Bild schöner komponieren

Letzte Hoffnung für alle Lebensgefährtinnen heiratsunwilliger Männer: Angeblich zieht es den Angebeteten vor den Traualtar, sobald die Gattin in spe den Canal d'Amour durchschwimmt

i Praktische Hinweise

Hotel

TOP TIPP ***/****Villa de Loulia, Peroulades, Tel. 26 63 09 53 94, Mobil 69 32 97 15 58, www.villadeloulia.gr. Pompejischrot gestrichenes Patrizierhaus mit Schwimmbecken und stilvoll-dezenter Einrichtung. Zum Frühstück gibt es hausgemachte Apfel-Tomaten- oder Orangenkonfitüre. Eines der wenigen korfiotischen Hotels mit historischem Charme.

Restaurants

Ilias Snack Bar, Avliotes, Tel. 26 63 09 52 70. Auf der Holzveranda mit Weinreben mitten im Dorf verspeist man gute *Pastisada*.

Panorama Restaurant & 7th Heaven Cafe, Peroulades, Tel. 26 63 09 50 35. Gepflegtes Sunset-Lokal über den Klippen von Longas – gute *choriatiki salata* (Bauernsalat).

Shooters Bar & Pool, Sidari. Dom und Barbara servieren als waschechte Schotten Breakfast mit Blutwurstpudding, Pool-Benutzung gratis.

11 Roda und Acharavi

Langer Sandstrand und hübsche Apartments.

Dünen und der fast 10 km lange, weitgehend naturbelassene Sand-Kiesstrand, der sich bis zum Kap Ekaterinis hinzieht, locken viele Gäste in die Ferienorte Roda und Acharavi. Vom einstigen Fischerort **Roda** ist noch ein winziger Kern um Hafen und Strandpromenade geblieben, ansonsten beherrschen meist niedrige, um einen Pool gescharte Gartenapartments, Minimärkte, Tavernen und Bars das Bild.

Beschaulicher ist östlich des Astrakeri-Kaps der wenig bekannte Badestrand **Agios Andreas**: Hin und wieder stehen ein paar Liegestühle im Sand, dazwischen mischen sich einige Handtücher und vereinzelt ein Schirm. In dem großen landeinwärts gelegenen Bauerndorf **Karousades**, das von einem markanten spätmittelalterlichen Wachtturm überragt wird, kann man angenehm zu Abend essen.

Eine breite, von Läden und Autowerkstätten gesäumte Durchgangsstraße prägt den ersten Eindruck von **Acharavi**. Doch sollte man sich davon nicht abschrecken lassen. Wie die Reste von *Thermen* am westlichen Ortsrand beweisen, schätzten schon die Römer diesen Platz. Entlang der Stichstraßen zum Strand gibt es viele charmante Familienhotels mit gepflegten Gärten. Der alte Kern liegt etwas abgeschieden landeinwärts. Als besondere Attraktion für Kinder lockt der etwas außerhalb liegende Wasserpark *Hydropolis* (Mai–Sept. tgl. 10.30–18.30 Uhr).

Nicht nur für Vogelfreunde lohnt sich eine Strandwanderung durch die Dünen von **Almyros** bis zum **Kap Ekaterinis**, der nördlichsten Stelle Korfus. Die lange, den Winden ausgesetzte Küstenlinie ist vor allem bei Surfern und Joggern sehr beliebt. Die östlich anschließende **Antinioti-Lagune** bei *Agios Spyridon* ist zum Vogelschutzgebiet erklärt worden und über kleine Fußgängerbrücken erreichbar. Hier sind zahlreiche Watt- und Zugvögel beheimatet, die auch durch die Fischfarmen der Gegend angelockt werden.

Acharavi empfiehlt sich nicht nur als Ausgangspunkt für Touren ins Pantokrator-Gebirge [s.S.53]. Ebenfalls von hier aus über eine bei Agios Ilias abzweigende Straße gut zu erreichen ist **Paleo Perithia**. Der reizvoll unterhalb des Pantokrators gelegene Bergort mit seinen alten venezianischen Steinbauten und verfallenden Kirchen war bis auf eine einzige Taverne bereits fast völlig aufgegeben und ist heute ein einzigartiges Architekturensemble des 15.–17. Jh. Mittlerweile herrscht hier in den Sommermonaten wieder reges Leben, und ein halbes Dutzend bodenständiger Lokale und Läden versorgt die Besucher.

TOP TIPP

i Praktische Hinweise

Hotels

*****Filorian**, Acharavi, Tel. 26 61 04 61 86 (Okt.–April) und 26 63 06 31 07 (Mai–Sept.), www.filorian.com. Gut ausgestattete Apartments und Studios für 2–6 Personen in schöner Strandlage, gemütliches Restaurant, Bar und Pool.

****Hotel Afroditi**, Roda, Tel. 26 63 06 31 05. Pauschalhotel mit 38 Verandazimmern und Pool, nur durch eine Straße vom Strand getrennt.

Restaurants

Afros, Acharavi, Mobiltel. 69 74 44 03 76. Die Wirtsfamilie des Strandlokals bereitet mit Leidenschaft frischen Fisch und Meeresfrüchte je nach Marktangebot zu, z.B. Schwertfisch und mit Sepiatinte geschwärzte Spaghetti. Guter Hauswein, und der Sonnenuntergang ist eine perfekte Zugabe.

Faros, Acharavi, Tel. 26 63 06 46 69. Griechische Küche, gutes Preis-Leistungs-Verhältnis.

George's, Almyros, Tel. 26 63 06 37 53. Freundliche Familientaverne mitten in den Dünen.

12 Kasiopi

Traditionsreiche Hafenstadt mit individuellen Strandbuchten.

Kasiopi konnte schon in der Antike als damals wichtigster Zwischenstopp der Handelsschiffe zwischen Griechenland und Italien mit allerlei Prominenz aufwarten. So hat neben Cicero auch Nero Station gemacht und soll am Altar des Zeustempels, der ursprünglich an dieser Bucht gestanden hat, zu Ehren des Gottes gesungen haben. Tiberius besaß hier wie auf Capri eine Villa. Mit seinem Namen

Zwischen den bis zu 500 Jahre alten Gemäuern des fast verlassenen, von venezianischer Architektur geprägten Ortes Paleo Perithia haben sich gemütliche Tavernen etabliert

erinnert das *Café Angevin* am Hafen ebenso wie die bröckelnden, einst über 1000 m langen Mauern des zerstörten *Kastells* daran, dass hier 1267–1386 die neapolitanischen Anjous herrschten. Die Kirche *Panagia Kassopitra* öffnet meist nur an bedeutenden religiösen Feiertagen. Sie ist mit Fresken des 17. Jh. und einer Ikone ausgeschmückt, die der schiffbrüchige Maler Theodoros Poulakis 1670 zum Dank für seine Rettung schuf. Angenehm lebendig ist die Atmosphäre am alten *Fischerhafen* mit seinen Kai-Cafés, Familientavernen und Musikbars.

Den Charme Kasiopis ergänzen die gepflegten kleinen, in Felsbuchten geschmiegten Kieselstrände, die man leicht zu Fuß vom Ortskern erreicht: Vor allem der *Kanoni-* und *Bataria-Strand* mit ihren blauen Mietliegestühlen haben sich den Ruf des Exklusiven erhalten, während der lange *Kalamionas-Strand* recht nah an der Schnellstraße liegt.

Nobler und verschwiegener gibt sich die Halbinsel **Agios Stefanos Sinies**, wo die Rothschilds ein Anwesen besitzen. Die stille Bucht mit ausgezeichneten Tavernen, die sich an Sommerabenden mit Freizeitkapitänen und Weltenbummlern füllen, erreicht man auf einer reizvollen steilen Serpentinenstraße durch uralte Olivenwälder.

i Praktische Hinweise

Hotels

******Villa Alexina**, Agios Ilias (7 km westl. von Kasiopi), Tel. 26 63 09 81 47, Mobil 69 51 84 44 09, www.villa-alexina.co.uk. Briten vermieten ein venezianisches Haus mit privatem Pool, offenem Kamin und drei Schlafzimmern 3 km von der sandigen Bucht von Agios Spiridonas entfernt. Besonders gut für Familien geeignet, auf Wunsch Koch buchbar.

****Makis Apartments**, Agios Stefanos Sinies, Tel. 26 63 08 15 22, Mobil 69 73 00 35 47, www.corfusites.com/makis. Helen und Gerasimos Tsirimagos von der Taverna Kochili vermieten drei Studios für 2–7 Personen, darunter das reizvolle Rock House.

****Villa Perris**, Kasiopi, Mobil 69 77 07 07 75, www.villaperris.gr. Acht individuelle, zweckmäßig eingerichtete Apartments und Studios oberhalb des Fischerhafens und nur 200 m von den Stränden Kanoni und Bataria entfernt, wo man herrlich schwimmen und tauchen kann.

Hier lässt's sich wohl sein, mag sich die Katze inmitten der Fischernetze in Kasiopi denken

Restaurants

Panorama Grill Room, Porta Sinies, Tel. 26 63 08 15 77. Die abenteuerliche, lange Auffahrt wird mit Souvlaki vom Holzkohlengrill und einem hinreißenden Ausblick belohnt: Die felsige Küste Albaniens ist zum Greifen nah!

Taverna Kerasia, Sinies, Kerasia. Tel. 26 63 08 15 21. Fischlokal an einer Badebucht nördlich Kouloura, das allerdings bequemer per Boot anzusteuern ist.

Taverne Eucalyptus, Agios Stefanos, Tel. 26 63 08 20 07. Strandtaverne mit innovativer Küche und günstigen Tagesgerichten.

The Old School House, Kasiopi, Tel. 26 63 08 12 11. Unter einem 200-jährigen Baum am Hafen werden bodenständige Gerichte wie *sofrito* (Kalbsbraten in Knoblauch und Weißwein), aber auch feiner Fisch serviert.

13 Kalami, Nissaki und Barbati

Seglerbuchten und Gourmettavernen.

Die kurvenreiche **Küstenstraße** südlich des Pantokrator, die immer wieder atemberaubende Blicke auf Seglerbuchten und auf Albaniens Ufer gewährt, gehört zu den schönsten Strecken der Insel. Der

Reiz der Fahrt wird durch die Vegetation erhöht – an den kargen Fels gekrallte Olivenbäume, duftende Pinienwälder, üppig wuchernder Oleander, violette Trauben von Judasbaumblüten und gelbe Wolfsmilchsträucher setzen farbige Akzente im Graublau von Klippen- und See. Die meisten Strandbuchten sind allerdings nur über lange Staubstraßen zu erreichen, wer mit dem Boot unterwegs ist, hat es hier einfacher.

Besondere Anziehungskraft für englische Literaturtouristen besitzt der einfache kleine Ort **Kalami**. Denn 1937–39 lebte in dem würfelförmigen *White House*, das am Südrand der kieseligen Bucht über Badestrand und Taverne thront, der angloindische Erfolgsautor *Lawrence Durrell* (1912–1990), der 1945 in Erinnerung an diese Zeit den noch heute gut lesbaren Korfu-Bestseller ›Schwarze Oliven‹ schrieb. Zu besichtigen ist das Weiße Haus zwar nicht, wohl aber als Ferienwohnung (Tel. 26 63 09 10 40, www.thewhitehouse.gr) zu mieten.

Etwas nördlich lockt die Bucht von **Kouloura** mit einem kleinen Fischerhafen, schmalen Stränden und einer idyllischen Taverne, die berühmt ist für ihre *Bourdeto*-Fischsuppe.

Gourmets haben die Qual der Wahl am kleinen steinigen, fast bis ans Wasser bewaldeten **Agni-Strand**, vor dem fast immer Motorboote und Jachten ankern. Hier gibt es zwar nur einen kostenpflichtigen Parkplatz und eine Handvoll Häuser, doch die Hälfte davon sind Ufertavernen, die Köstlichkeiten wie *Garides saganaki* (fangfrische Krabben mit Feta) oder Hummerspaghetti anbieten.

Entzückend ist der winzige Hafen von **Nissaki**, das zudem einen exklusiven, blitzsauberen, von Molen eingefassten, etwa 10 m breiten Kiesstrand besitzt und mit guten Hafentavernen locken kann. Allerdings stauen sich hier schnell die Autos – denn es gibt kaum Parkplätze und keine Wendemöglichkeit.

In dem benachbarten steilen Hügelort **Viglatouri** reihen sich moderne Apartments mit Traumblicken bis nach Korfu-Stadt aneinander. Schlichtere Unterkünfte und moderne Hotelkomplexe findet man in **Barbati**, von dessen Durchgangsstraße Treppen zum längsten Strand der Nordostküste hinunter führen.

Den kleinen Hafen in der Bucht von Kouloura laufen mitunter auch größere Jachten an

Deutlich komfortabler als zu Zeiten Lawrence Durrells geht es heute in Kalami zu

Praktische Hinweise

Hotels

/***Nissaki Beach Hotel,** Nissaki, Tel. 26 63 09 12 32, www.nissakibeach.gr. Wohnen Sie direkt über dem Meer – traumhaft entspannend. Besonders günstige Zimmer außerhalb der Hochsaison.

Restaurants

Dimitris, Kalami, Tel. 69 77 39 94 81, www.dimitriscorfu.gr. Moderne griechische Küche mit Traumblick über die Bucht. Auf Wunsch Hoteltransfer.

Vitamins Taverna, Nissaki, Tel. 26 63 09 12 78, www.vitaminstaverna.com. Terrasse mit herrlichem Meerblick. Sehr feines Stifado und Amelias vielgerühmter Orangenkuchen zum Nachtisch (Mai–Okt.).

14 Pantokrator

Klosterkunst und Albanienblick auf Korfus höchstem Gipfel.

Das kahle, karstige, mit Fernseh- und Funkantennen sowie einem altehrwürdigen Kloster bekrönte Haupt des Pantokrator ist mit 906 m (nach manchen Messungen auch 917 m) die höchste Erhebung Korfus und bietet ein großartiges Panorama – nicht selten jedoch wird der markante ›Weltenherrscher‹ zum Wolkensammler und zieht in den Nachmittagsstunden Nebel an.

Zur eigentlichen Gipfelstraße, die ab *Petalia* zum Pantokrator hinauf führt, gibt es mehrere **Routen**. Eine betörend wilde Passstraße, welche die Nord- und Ostküste zwischen Acharavi [s. S. 49] und Pyrgi [s. S. 55] verbindet, windet sich voll engster Kehren durch silbergrüne Olivenhaine hinauf in das Bergdorf *Sgourades*, wo man nach Petalia abbiegen kann. Eine weitere, originelle Route beginnt in dem lang gestreckten reichen Olivenbauerndorf **Ano Korakiana** (5 km westl. von Pyrgi), in dem Ioannis Kapodistrias [s. S. 54], der erste Staatspräsident Griechenlands, geboren wurde. Wanderfreunde können hier auf ausgeschilderten Wegen, vorbei an altehrwürdigen Kapellen, durch eine eindrucksvolle Berglandschaft streifen. Ein frivoles Kontrastprogramm bietet rechts an der Hauptstraße das *Atelier* des Volkskünstlers Aristides Metallinos, von dessen Fassade erotische Nacktgruppen und wunderliche archaische Skulpturen mit Handtäschchen grüßen. Von Ano Korakiana aus geht es dann in engen Serpentinen, deren Felswände mit diversen Wahlparolen verunziert sind, hinauf nach **Sokraki**. An der winzigen Platia dieses Weilers, dessen größter Stolz es ist, eine Tankstelle zu haben, braut ein *Kafepantopolion* zuckersüßen hellenischen Kaffee. Über **Zygos** mit einer Kirche der hl. Agathe aus dem 16. Jh. und Sgourades geht es dann nach **Strinylas**, wo der von einer uralten Ulme beschattete Hauptplatz zur Rast lädt, und weiter nach Petalia.

Die Weiterfahrt Richtung Gipfelzone beeindruckt durch die Kargheit des

Anstelle eines Gipfelkreuzes krönt ein wahrer Wald aus Rundfunk-Antennen den verkarsteten Gipfel des Pantokrator, des höchsten Berges Korfus

felsigen Terrains, aus dem wenige Bergblumen wie die gelbe gewelltblättrige Königskerze aufsprießen. Auf steiler Gussbetonpiste erklimmt man die letzten Meter bis unterhalb des Gipfels zu einer Cafeteria, wo zuweilen durch Parkplatzmangel verursachte Manöver die Autofahrer ins Schwitzen bringen. Der **Gipfel** selbst bietet mit seiner riesigen, das Pantokratorkloster überragenden Funkantenne und den in Sichtweite versammelten Antennenmasten keinen einladenden Anblick. Grandios ist jedoch das Panorama, das einem hier zu Füßen liegt. Die Sicht reicht bei gutem Wetter fast über ganz Korfu, ins nahe Albanien und aufs griechische Festland.

Die **Klosterkirche**, von außen eher unscheinbar, bietet im höhlenartigen Inneren kostbarste Bilder. Die Ikonen der barocken Marmor-Ikonostase sind bis auf die Köpfe mit Silber beschlagen. Die Fresken des Tonnengewölbes stammen großteils aus dem 17. Jh. und sind im venezianisch-korfiotischen Stil gemalt. Auffallend ist die klassische Darstellung des sitzenden Christus als Pantokrator am Tag des Jüngsten Gerichts. Über der Eingangstür sind Tondi – also kreisrunde Bilder, die in der italienischen Kunst verbreitet waren – des 14. Jh. mit Heiligenbüsten frei gelegt, darunter erblickt man den in Griechenland höchst exotischen irischen Germanenapostel Bonifaz.

Mit wachen Augen blickt Graf Kapodistrias auf diesem Gemälde den Betrachter an

Der Vater Griechenlands

Der am 11. Februar 1776 in dem Bergdorf Ano Korakiana [s. S. 53] geborene **Ioannis Antonios Graf Kapodistrias** entstammte einer alten Adelsfamilie. Standesgerecht studierte der junge korfiotische Edelmann Medizin in Padua und trat 1803 als Minister in den Dienst der Republik der Ionischen Inseln. Durch die mit dem Vertrag von Tilsit geregelte Rückkehr der Franzosen nach Korfu wuchs Kapodistrias Sehnsucht nach einem selbstständigen Griechenland. Da er in Russland die größte Chance für die Unterstützung dieser Autonomiebestrebungen sah, nahm er 1809 das Angebot einer Stellung als zaristischer Diplomat bereitwillig an. Im Laufe seiner Karriere gelang es ihm, das persönliche Vertrauen von Zar Alexander I. zu gewinnen, der ihn 1815 als Vertreter Russlands auf dem Wiener Kongress an den Verhandlungen über die Neuordnung Europas teilnehmen ließ und ihn 1816 zum Außenminister ernannte. Kapodistrias zunehmender Einsatz für den Freiheitskampf Griechenlands, der in dem 1821 ausgebrochenen Unabhängigkeitskrieg gegen das Osmanische Reich seinen Höhepunkt erreichte, fand jedoch wenig Zuspruch beim Zaren und führte 1822 schließlich zum Rücktritt und zur Ausreise in die Schweiz. Doch auch von hier aus blieb Kapodistrias seinen Zielen treu und unterstützte die hellenischen Autonomieanstrengungen. Durch sein unablässiges Engagement und vor allem diplomatisches Geschick gewann er unter den einheimischen Streitern wachsende Popularität und wurde 1829, als mit dem Frieden von Adrianopel das Ziel der Selbstständigkeit endlich erreicht war, zum ersten Gouverneur Griechenlands bestimmt.

Mit seiner Vision eines straffen Zentralstaats und seinem höfischen Auftreten gegenüber den einflussreichen südbalkanischen Freiheitskämpfergruppen konnte er sich jedoch nur kurze Zeit durchsetzen. Seine Ermordung durch zwei Mitglieder eines mächtigen Clans am 9. Oktober 1831 machte schließlich den Weg frei für die Wittelsbachermonarchie unter König Otto. Heute ziert Kapodistrias als bedeutender Mitstreiter für ein freies Griechenland die Rückseite der nationalen 20-Cent-Münze.

Das Pantokratorkloster auf Korfus höchstem Berg wurde im Jahr 1374 errichtet, im 16. Jh. während der Türkenbelagerung zerstört und 1689 wieder aufgebaut

i Praktische Hinweise

Hotel

*****Pantokrator Hotel**, Barbati, Tel. 26 63 09 10 05, www.pantokratorhotel.com. 66 Luxury- und 34 Standardzimmer, alle mit Balkon und Klimaanlage. Herrlich gelegener Swimmingpool.

Restaurant

Charilaos Taverna, Sgourades, Omali, Tel. 26 63 09 21 74. Fast wie eine Zollstation passiert man auf dem Pass von Acharavi nach Pyrgi das Nadelöhr dieser soliden Bergtaverne, in der auch einheimische Produkte verkauft werden.

15 Pyrgi und Dassia

Taucherfreuden am Linealstrand und Kunst im Bergdorf.

In den zusammengewachsenen Siedlungen **Pyrgi** und **Ipsos**, die sich entlang der schnurgeraden, von Pubs, Supermärkten und Tavernen gesäumten Küstenstraße erstrecken, fühlen sich vor allem jüngere Briten wohl. Während es auf dem nur handtuchbreiten Kieselstrand für Badefreunde eng wird, lockt im Ortsteil Ipsos die renommierte Tauchschule *Water Hoppers* (Tel. 26 61 09 38 67, www.waterhopperscorfu.gr) Unterwasserfans ab acht Jahren mit Exkursionen zu den fischreichen Gestaden Richtung Barbati an.

Ähnlich schmal, aber von der Autostraße abgeschirmt, ist der sandigere Strand in **Dassia**. Hier prägen vor allem gut geführte Hotelkomplexe das Bild.

Als Kontrastprogramm empfehlen sich Ausflüge ins Landesinnere. Einen wunderbaren Korfublick eröffnet das Ortscafé in **Agios Markos** (2 km westl. von Pyrgi). Von dem Bauerndorf, das von den Glockensegeln seiner Kirchen überragt wird, führt ein schöner Spazierweg (10 Min.) zu dem meist versperrten Kloster Pantokrator. In **Kato Korakiana** (2 km westlich Dassia) unterhält die Nationalgalerie Athen im *Castellino* (Tel. 26 61 09 33 33, Mo, Mi 10–14 und 18–21, Do, Fr 10–15, Sa 10–14, So 10–15 Uhr) eine Dependance, die anspruchsvolle Ausstellungen griechischer Künstler veranstaltet.

i Praktische Hinweise

Hotels

******Corfu Chandris Hotel**, Dassia, Tel. 26 61 09 71 00, www.chandris.gr. Komforthotel mit großem Pool, Fitnessstudio und eigenem Kino.

*****Casa Lucia**, Sgombou, 3 km südwestl. von Dassia, Tel. 26 61 09 14 19, www.casa-lucia-corfu.com. In einer Gartenanlage gruppieren sich zehn in stilvoller Restaurierung aus venezianischen Ölpressegebäuden entstandene Cottages. Die Besitzerin veranstaltet auch Konzerte, Yogaseminare und Dichtertreffen.

Restaurants

Asteria, Ipsos, Tel. 26 61 09 30 06, Mobil 69 70 99 17 05. Gepflegte Meeresterrasse am südlichen Ortsrand.

Taverna Agnadio, Spartylas, 4 km nördl. von Ipsos, Tel. 26 63 09 22 95. Fast zu kitschig, um wahr zu sein: Die rot eingedeckte Terrasse des Familienbetriebes ist der ideale Platz für ein romantisches Sunset-Dinner.

16 Gouvia und Kondokali

Ein riesiger Jachthafen und verschwiegene Villen.

Wie die übrigen Badeorte entlang der Ostküste erstrecken sich auch Kondokali und Gouvia zwischen Straße und Meer und verfügen über eine Vielzahl touristischer Angebote. Wichtiger Anziehungspunkt ist Korfus größte **Marina**, die am südlichen Ende der gemeinsamen Bucht eröffnet wurde – hier können bis zu 1000 Jachten ankern. Die großzügige Anlage mit modernen Bars und dem Fischrestaurant *Argo* ist aber auch für Landratten geöffnet. Von der Tradition des Schiffbaus zeugen in **Gouvia** die Ruinen einer *venezianischen Werft* von 1716, in der nahen hübschen Badebucht sind Sonnenstühle aufgereiht, die ein Gips-Seeadler von einem Felsen aus bewacht. Hier bietet sich den Badegästen zudem ein reizvoller Blick auf die *Halbinsel Kommeno* und die weiße ins Wasser hinaus gebaute **Ypapanti-Kapelle**. Um sie zu erreichen, muss man zwar die Bucht weiträumig umfahren – das hügelige, von Ölbäumen, schönen Aussichtspunkten und Hotelkomplexen geprägte Terrain lohnt jedoch den Weg. Das von Pflanzen umgebene, idyllische Gotteshaus stammt aus dem Jahr 1713 und birgt eine Ikonostase mit drei Ikonen des 18. Jh. sowie von Nonnen gefertigte Bildwerke.

Der Charme **Kondokalis** erschließt sich erst, wenn man die viel befahrene Hauptstraße verlässt. Hier hat sich der Villenvorort mit einigen traditionellen Tavernen ein wenig ländlichen Charakter bewahrt. Ein Ausflug führt in das benachbarte Hügeldorf **Koukouritsa** bei Evropoli, in dem das aus dem 17. Jh. stammende Landhaus des ersten griechischen Staatspräsidenten Ioannis Kapodistrias [s. S. 54] erhalten ist. Heute zeigt es als *Museum* (Di–So 10.30–14 Uhr) Möbel und persönliche Gegenstände des Politikers.

i Praktische Hinweise

Hotels

*****Kondokali Bay Resort & Spa**, Kondokali, Tel. 26 61 09 90 00, www.kontokalibay.com. Luxuriöse Bungalow-Anlage am Strand. Mit Pool, großem Wellness-Bereich, Sportangebot, Kinderbetreuung.

Die Ruinen der venezianischen Werft von Gouvia zeugen noch heute von der Bedeutung, die Korfu für Venedig hatte. Hier wurden einst die Schiffe der Serenissima überholt

Reif für die Insel? Dann sollte man den beschaulichen Ort Gaios auf Paxos in Erwägung ziehen

****Louis Corcyra Beach**, Gouvia, Tel. 26 61 09 01 96, www.louishotels.com. Begehrt sind in der großzügigen Hotelanlage mit Lagunen-Wasserlandschaft und Außenwhirlpools die charmanten Bungalows mit Meerblick.

***Stavros**, Kondokali, Tel. 26 61 09 12 94, Mobil 69 32 02 82 40, www.stavros-apartments.com. Familie Korfiatis vermietet neun einfache Studios und Apartments in einem Haus direkt an der Dorf-Hauptstraße.

Restaurants

Apovrado, Kommeno, Tel. 26 61 09 13 22. Neben Fleischgerichten sind auch die vielen fischigen Tapas empfehlenswert. Wunderbarer Meerblick. Reservierung empfohlen.

Boileau Bistro, Kondokali, Tel. 26 61 09 00 69, www.bistroboileau.com. In Feinschmeckerkreisen genießt das Lokal einen guten Ruf. Manchmal bereitet Koch Alex Hühnchen mit getrockneten Feigen und Walnüssen zu – damit soll schon Nausikaa Odysseus aufgepäppelt haben!

17 Paxos und Antipaxos

Olivenwanderwege und türkisblaue Badebuchten.

Als Poseidon das Meer und die Inseln Griechenlands erschaffen hatte, so der griechische Mythos, da wollte er auch für sich einen exklusiven Rastplatz reservieren und stach mit seinem Dreizack die kleine Insel **Paxos** vom Festland ab. In Anbetracht der Schönheit des 10 km langen und 4 km breiten Eilands südlich von Korfu wäre diese Vorstellung zumindest plausibel. Jedenfalls genießen heute auch Sterbliche die Reize dieser Insel mit ihren malerischen Hafenorten *Gaios*, *Longos* und *Laka*, den dunklen Olivenhainen, herrlichen Badebuchten und Wanderwegen. Das nur etwa 2 km südlich liegende kleine Eiland **Antipaxos** lockt mit exquisiten Badestränden und kristallklarem Wasser.

Historische Hinterlassenschaften hat Paxos kaum zu bieten, im Wesentlichen teilte die Insel die Geschicke Korfus. Bis heute prägend war jedoch die venezianische Herrschaft ab 1386, die nachhaltig die Landwirtschaft förderte. Rund 300 000 Olivenbäume sollen bis ins 18. Jh. gepflanzt worden sein – heute gilt das Olivenöl von Paxos als eines der edelsten Griechenlands!

TOP TIPP Hauptort der Insel ist das geschäftige **Gaios**, dessen hübscher Hafen durch vorgelagerte Inseln gerahmt wird und sich anmutig am Ufer eines natürlichen Kanals erstreckt. Die meisten Besucher lernen Gaios als Tagesausflügler kennen und verweilen hier nur wenige Stunden. Sie kommen entweder mit Tragflügelbooten von Korfu-Stadt [s. S. 33], die jedoch wie die großen Ausflugsschiffe am neuen Quai vor Gaios knapp 2 km vom Ort entfernt Halt machen. Direkt an der pittoresken Hafenmole legen dagegen die kleineren Ausflugsboote an. Die gepflegten Häuser, Läden, Nachtbars und Taver-

nen haben sich hier im positiven Sinne verschworen, Patina und nostalgisches Hellas-Design zu erhalten. Alles was ein kleiner Ort braucht, ist in den Gassen rund um die rot gestrichene Hauptkirche versammelt – vom Postamt bis zur Polizeistation und dem Scootervermieter. An der Hafenpromenade zeigt das *Volkskundliche Museum* (im Sommer tgl. 11–13 und 17.30–20.30 Uhr) ein altmodisches Schlafzimmer, historische Schwarzweiß-Fotos und Dokumente der kurzen deutschen Okkupation 1943/44. Ein *Bronzedenkmal* am Ende der Mole erinnert an den jugendlichen Freiheitskämpfer Georgios Anemogiannis, der es Anfang des 19. Jh. geschafft hatte, ein türkisches Kriegsschiff vor Gaios in Brand zu setzen. Gegenüber blickt man auf die dicht bewaldete Insel *Agios Nikolaos* und Reste einer 1423 entstandenen venezianischen Festung. Das dahinter liegende Eiland *Panagia* fällt mit seiner von einer weißen Mauer umgebenen Wallfahrtskirche ins Auge, die jährlich am 15. August Ziel einer feierlichen Bootsprozession ist. Über eine schöne Uferstichstraße und eine winzige Flachbrücke zu erreichen ist 3 km weiter östlich das Inselchen **Mongonisi** mit kargen Ölbaumterrassen und einem attraktiven Sandstrand, der von Booten angefahren wird.

Von Gaios aus nordwärts geht es auf schmalen Straßen durch Ölbaumhaine und die Streusiedlung *Bogdanatika* in das Inseldorf **Magazia**, das für sein 1865 in einer alten Ölmühle eingerichtetes *Olivenölmuseum Pitzeros* (unregelmäßig geöffnet) berühmt ist. In dem niedrigen Steinhaus sind neben einem alten Mühlstein die wichtigsten Werkzeuge für die Gewinnung des ›gelben Goldes‹ zu sehen. Von hier zweigen Wanderwege und einfache Pisten ab nach **Voikatika** zur Kirche *Agii Apostoli*. Von hier bietet sich ein herrlicher Blick auf die steil abfallenden **Erimitis-Klippen** an der Westküste.

Von Seglercrews gepriesen wird das pittoreske **Longos**, dessen kleiner Hafen nur aus einem Dutzend Häusern mit Tavernen und Kafenia besteht. Bei Feinschmeckern als höhere Weihe einer Griechenlandreise geschätzt wird die Taverne *Vassilis* [s.S.59], von deren Tischen im Freien die Gäste jedoch jedes Mal aufstehen und die Stühle zusammenschieben müssen, wenn der Linienbus auf dem schmalen Kai vorbeikommt.

Recht lebendig ist die malerische Marina von **Lakka** an einer tief eingeschnittenen Bucht an der Nordküste der Insel. Wie Gaios ist dieser Hafenort Ziel vieler Tagesausflügler, die hier auf ihrer Inselumrundung kurz Station machen. Zahlreiche Tavernen und Bars sorgen für reges dörfliches Leben, kleine Ausflugsboote bieten Exkursionen zu den Höhlen der steilen Westküste an: etwa in die großräumige **Grotte Ypapanti**, in der sich im Zweiten

Alle Götter Griechenlands müssen ihre Kräfte zusammengenommen haben, um eine so unübertroffen schöne Bucht wie jene von Voutoumi auf Antipaxos zu schaffen

Weltkrieg über mehrere Monate ein griechisches U-Boot versteckt hielt, oder in die wegen ihrer Lichteffekte auch als blaue Grotte bezeichnete **Höhle Petriti**.

Die meisten Boots- und Schiffstouren nach Paxos schließen auch einen TOP TIPP Badeausflug nach **Antipaxos** ein. Diese rebenbestandene, kleine Insel, auf der nur 20 Menschen leben, ist berühmt für das kristallklare, türkisblaue Meer an den Stränden von *Voutoumi* und *Vrika*. Die wenigen Tavernen öffnen nur tagsüber, in der Hauptsaison stehen einige Zimmer zur Verfügung. Wer hier übernachtet, sollte eigenen Proviant mitbringen und dazu den köstlichen, schweren Inselwein genießen.

i Praktische Hinweise

Informationen

Paxos Municipality, Kentriki Plateia, Gaios-Port, Tel. 26 62 36 03 00, www.paxi.gr

Schiff

Autofähren der **Kerkyra Lines** und Tragflügelboote der **Petrakis Lines** von Korfu-Stadt [s. S. 33]. Im Sommer steuern zahlreiche **Ausflugsboote** von Korfu-Stadt sowie von den Badeorten ab Benitses südwärts bis Agios Georgios regelmäßig Paxos an. Außerdem besteht in der Saison eine Festlandsverbindung von Parga und Igoumenitsa.

Unterkünfte

Marmari Stone Cottage und **Nikolakis Stone Cottage**, Longos, Tel. 26 62 03 22 95 und 69 86 33 64 99. Strandnahe, rustikale Steinhäuser mit geschmackvoller Einrichtung.

Sophia Studios, Gaios, Tel. 26 62 03 23 87, Mobil 69 73 66 70 29. Vier Studios im Olivengarten.

Restaurants

Iliovasilema, Kastanida, ca. 2 km westl. von Magazia, Tel. 26 62 03 18 68. Zum spektakulären Sonnenuntergang mit Blick auf die Eremitisklippen läuft man von der Gartentaverne gut zehn Minuten und holt sich so Hunger für die Hausmannskost.

Nionios, Lakka, Tel. 26 62 03 13 15. Volkstümliche Gaststätte im Ortszentrum.

To Steki, Gaios, Tel. 26 62 03 20 90. Einfache Grillbude mit günstigen Preisen.

TOP TIPP **Vassilis**, Loggos, Tel. 26 62 03 15 87. Griechische Gourmetküche für Hummerfreunde und angenehmer Service in uriger Hafentaverne.

Lefkada – smaragdene Insel mit weißen Felsen

Nur noch selten ist zu sehen, wie Winzer frisch gelesene Trauben im Maischbottich mit den Füßen zerstampfen. In **Agios Ilias** zu Füßen des 1158 m hohen Stavrotas kann man mit etwas Glück diese archaische Methode des Kelterns noch erleben. Lefkada ermöglicht immer wieder Begegnungen mit Menschen, die tief in ihrer Tradition wurzeln: Linsenbauern, die ihre Hochlandhülsenfrüchte in glühender Sonne lesen, tief über ihre Tücher gebeugte Spitzenklöpplerinnen, selbstbewusste Wirtinnen in schwarzseidener Tracht.

Doch nicht nur Nostalgiker, die das verschwindende Griechenland von gestern suchen, werden begeistert sein, sondern auch Freunde modernen Aktivurlaubs. Die gebirgige Insel bietet unvergessliche **Badestrände**, Wasserfallklettereien und Bergtouren jeglichen Profils.

Abwechslung ist auch landschaftlich angesagt: Am Fuße der jäh abfallenden kreideweißen Westküsten erstrecken sich einige der wildesten und schönsten Steilstrände des Mittelmeers, von Kalamitsi bis Porto Katsiki. In einer Bucht der Südküste lockt das **Surfer-Dorado** Vasiliki mit malerischen Hafentavernen. Völlig konträr ist die Küstenszenerie der Ostflanke mit der dramatischen Kulisse des zum Greifen nahen Festlandsgebirges. Hier gleicht das oft windstille Meer mit seinen vielen Inselchen einer Lagune. Ein ideales Revier für Segelboote, die genussvoll in einer der schönsten Meereslandschaften des Archipels kreuzen wollen.

Die stimmungsvolle Inselkapitale **Lefkada-Stadt** ist durch einen Damm mit Drehbrücke mit dem nahen Festland verbunden. Mit ihren kleinen Läden und erdbebensicheren ›Pappschachtelhäusern‹, zwischen denen Weinspaliere gezogen sind, strahlt sie eine ganz besondere Gemütlichkeit aus.

18 Lefkada-Stadt

Liliputanische Häuser und Kirchen.

Lefkadas beschauliche Hauptstadt (8600 Einw.) liegt, an drei Seiten begrenzt von Lagunen und Fischzuchtbecken, an der Nordspitze der Insel. Wer hier absteigt, hat die Hektik des Alltags schnell vergessen. Die liebevoll gepflasterten Gassen, die sich da und dort zu kleinen Plätzen mit gedrungenen Kirchen weiten, sind von meist zweistöckigen, pastellfarben gestrichenen Häusern gesäumt, die einen altmodischen Charme ausstrahlen.

Entlang der verkehrsberuhigten Einkaufsstraßen reihen sich Cafés und Geschäfte aneinander, wahre Berge von Mandelkeksen (*Pasteli*), die berühmte luftgetrocknete *Salami Aeros*, Seidenwebereien und Jachtmode locken zum Einkaufsbummel.

Türkises Wasser, seidiger Strand: am Fuße der Klippen liegen die Buchten von Porto Katsiki

Geschichte Erste menschliche Spuren wurden auf Lefkada bereits in neolithischer Zeit (8000–3000 v. Chr.) hinterlassen. Bedeutsames ereignete sich aber erst 640 v. Chr., als die Korinther hier eine *Kolonie* gründeten. Sie machten Lefkada auch zur Insel, indem sie die schmale Landzunge zwischen Nordspitze und Festland mit einem Kanal, dem sog. *Dioryktos* durchstachen, um so den Schiffsverkehr entlang der Küste zu erleichtern. Vom 4. Jh. v. Chr. an wurde Lefkada vom Königreich von Epirus beherrscht und erlebte nach dem Sturz dieser Monarchie eine kurze Glanzzeit als Hauptstadt des *Akarnanischen Bundes* (ca. 200 v. Chr.). Mit Makedonien kämpfte der Bund gegen das Römische Reich – und musste diesen

Fehler mit der Besetzung im Jahr 197 v.Chr. bezahlen. 31. v.Chr. gewann Augustus vor der Nordküste Lefkadas die Seeschlacht von Aktium gegen Kleopatra und Marc Anton. Zur Feier seines Sieges gründete er die Stadt *Nikopolis* auf dem Festland in der Nähe von Preveza, in die viele Lefkadier umziehen mussten.

Im Mittelalter beherrschten italienische Adelsfamilien die Insel und nannten sie *Santa Maura*. 1479 wurde Lefkada von den Türken besetzt; erst 1684 konnte es Doge Francesco Morosini für Venedig erobern. 1797 fiel Lefkada wie die übrigen Ionischen Inseln nach der Auflösung der Republik von Venedig an das napoleonische Frankreich, das die Insel 1809 an die Briten verlor. 1864 schließlich traten diese die Insel an Griechenland ab.

Seither verläuft die Geschichte Lefkadas in sehr ruhigen Bahnen, sieht man von den Erdbeben ab, die die Insel 1948, 1953, 1971, 2003 und zuletzt 2015 erschütterten.

Autofahrer, die über die Drehbrücke vom Festland kommen, sollten an der **Platia Agios Minas** 1 nach links auf die Uferstraße abbiegen. Denn gleich hinter dem Platz beginnt das basarartige Geflecht der Altstadt. Die Straße **Odos Dörpfeld** 2 ist nach Schliemanns Assistenten Wilhelm Dörpfeld (1853–1940) benannt, der Lefkada für das homerische Ithaka hielt und auf der Insel bestattet wurde. Gleich zu Beginn der Straße (Dörpfeld 4) verkauft ein Mastixladen Naturkaugummi von der Insel Chios.

Auf der **Platia Agios Spyridonas** 3 tobt am Wochenende das Leben, wenn junge Leute aus Preveza und anderen Festlandsstädten nach Lefkada strömen, um in den Cafés rund um den Platz zu feiern.

Nicht genau an die ausgeschilderten Öffnungszeiten hält sich das nostalgische **Phonographische Museum** 4 (März–Okt. tgl. 10–14, 19–24 Uhr, auch CDs mit griechischer Musik erhältlich) in einer Seitengasse. Eine Fülle alter Schellacks und spielbereiter Grammophone erinnert an die Pionierzeit der Tonaufnahmen. Ein Schwarzweißfoto zeigt die 1944 auf Lefkada geborene Star-Sopranistin Agnes Baltsa als braves Schulmädchen.

In Lefkadas einschiffigen niedrigen *Kirchen*, meist im 17./18. Jh. relativ erdbebenresistent gebaut, verbergen sich aufwändig vergoldete Altarwände, Silberleuchter und Heiligenbilder in venezianisch-ionischer Manier. Da die meisten Gotteshäuser Privatkirchen sind, sind sie nur sporadisch zugänglich. Das gilt auch für die prächtige **Pantokratoras-Kirche** 5 mit dem Grab des Dichters Aristoteles Valaoritis (1824–1879).

Erfreulicherweise auch wochentags geöffnet ist die Kirche **Agioi Anargiri** 6, die den Patronen der heilenden Künste den Ärzten Kosmas und Damian gewidmet ist. Der freundliche Pope erklärt gern

Stimmungsvolle Szenerie: der Hafen von Lefkada-Stadt bei Sonnenuntergang

das theologische Bildprogramm. Darunter ist ein Abendmahlsbildchen unter der Frauenempore, auf dem Judas als einziger der porträtierten Speisenden keinen Heiligenschein trägt.

Die Straße **Ioannou Mela** 7, die sich an die Platia Agios Spyridonas anschließt, wird von traditionellen Kafenia und hübschen Läden gerahmt. Gleich gegenüber der gelb gestrichenen *Panagia-Kirche* verkauft die Molkerei Dizelou Tonschälchen mit köstlichem rahmigen Hirtenjoghurt, den man an einem Tischchen an der Straße löffeln kann.

Am Ende der Fußgängerzone steht die 1707 errichtete Kirche **Agios Minas** 8 mit ihrem für Lefkada typischen Campanile aus Stahl. Denn um die Kirchtürme erdbebensicherer zu machen, entschied man sich bei ihrem Bau gegen Stein und für zusammengeschraubte Eisenstangen. Der prachtvolle Innenraum birgt eine vergoldete Ikonostase und italianisierende Deckenbilder von Nikolaos Doxaras (18. Jh.). Rund um die Kirche erstreckt sich das **Marktviertel** – die vielen Fischstände haben meist nur vormittags geöffnet.

TOP TIPP Sehr lohnend ist das **Archäologische Museum** 9 (Tel. 26 45 02 16 35, Di–So 8–15 Uhr) am Nordrand der Stadt. Im *Kassenraum* wird das antike

Alles, was ein Mann braucht: ein halber Liter Wasser, eine Tasse Ellenikó und die Zeitung

Alltagsleben behandelt: Hochinteressant ist die Sammlung zur antiken Fischerei mit Netzgewichten, Bronzehaken und Signalhornmuschel. An die alte musikalische Tradition Lefkadas erinnern ein Cheloneion (Schildkrötenpanzer-Lyra) und ein tanzender Faun mit Kastagnetten. Der *Dörpfeld-Saal* zeigt ein Foto des Odysseusforschers und frühzeitliche Funde. Im *Grabraum* sind vier Kinderpuppen aus Terrakotta ausgestellt, und der vierte Saal ist dem Apollonkult vom Kap Doukato und dem Todessprung der Sappho gewidmet.

Das mächtige venezianische **Fort Santa Maura** 10 (Di–So 8.30–15, Mo 8.30–14.30 Uhr) aus dem 14.–17. Jh. thront auf einem Inselchen gleich hinter der Pontonbrücke, die stündlich eingedreht wird, um Schiffe passieren zu lassen. Bei einer Pulverexplosion 1888 wurden praktisch alle inneren Strukturen zerstört. In Sichtweite auf der Festlandsspitze kontrollierte das türkische Fort Tekes den Zugang zur Insel.

i Praktische Hinweise

Informationen

Polizei, Tel. 26 45 09 52 07

Hotelvereinigung, Tel. 26 45 02 45 39

Bus

Vom zentralen Busbahnhof gegenüber des Jachthafens an der Dimitriou Golemi-Straße aus bestehen Busverbindungen nach Nidri sowie, weniger regelmäßig, nach Poros, Sivota, Agios Nikitas und anderen Orten der Insel.

Einkaufen

Fragoulis, Mitropoleos 4, Lefkada-Stadt, Tel. 26 45 02 23 68, www.fragoulis.com. Seit 1945 brennt der Familienbetrieb hochprozentigen Ouzo, außerdem gibt es Mandelmilch (*Soumada*) und den venezianischen Likör Rozoli.

Hotels

*****Hotel Lefkas**, Filippa Panagou 2, Lefkada-Stadt, Tel. 26 45 02 39 16, www.hotel-lefkas.gr. Zentral gelegenes Hotel, gemütlich und sauber. Gutes Frühstuck.

****Santa Maura**, Odos Dörpfeld, Lefkada-Stadt, Tel. 26 45 02 13 08, Mobil 69 72 81 72 46, www.santamaurahotel.gr. Altmodisches Haus mit großen Zimmern – nach hinten mit Weinlaubenterrassen.

Restaurants

Frini sto Molo, Dimitriou Golemi 12, Lefkada-Stadt, Tel. 26 45 02 48 79. Geheimtipp am Hafen, gut besucht – auch von vielen Einheimischen.

Thymari, Pinelopis 19, Lefkada-Stadt, Tel. 26 45 02 22 66. Gute und vielseitige Küche sowie große Auswahl an erlesenen Weinen aus der Umgebung.

To Monastiri, Mela 199, Lefkada-Stadt, Tel. 26 45 02 39 32. Winzige Souvlakibraterei mit einigen Stühlen an der Hauptstraße.

19 Von Agios Nikitas nach Kap Doukato

Traumstrände der Westküste

Als erster Stopp dieser Tagesfahrt bietet sich das idyllisch gelegene **Faneromenis-Kloster** an, das 4 km südwestlich von Lefkada hoch über dem Meer thront. Von der Klostertreppe schweift der Blick zur Fischzucht-Lagune Gyra, die von einer mit Windmühlen bestandenen Nehrung abgeschirmt wird – ein Revier für gute Surfer.

Das Kloster selbst wurde 1887 errichtet, nachdem der Vorgängerbau einige hundert Meter weiter durch einen Brand zerstört worden war. Das Innere der Klosterkirche wird von Bienenwachskerzen in flackerndes Licht getaucht. Vor der Faneromenis-Marien-Ikone (Original auf dem Athos) hängt inmitten metallener Ampeln ein Straußenei.

Eine steinschlaggefährdete Straße führt südwärts zu einer weit geschweiften Sandkieselbucht mit den Stränden Pefkoula und Mylos. An ihrem südlichsten Ende schmiegt sich der entzückende, auch in der Nebensaison lebendige Badeort **Agios Nikitas** in eine kleine Felsenbucht. Die mit Naturstein gepflasterte Hauptstraße ist Fußgängerzone, die meisten alten Fischerhäuser strahlen in frischen, dezenten Farben.

TOP TIPP

Der von der Wasserwacht beaufsichtigte, 2 km lange sandige **Kathisma-Strand**, zu dem man auf Kehren hinunterfährt, bietet im Sommer ein reiches Unterhaltungsangebot. Die knappe Schwemmsandebene hinter dem breiten Uferstreifen wird von luftigen Tavernen, Apartments, Camping- und Parkplätzen eingenommen.

Ein Paradies für Freunde wilder felsiger Naturstrände ist der tief unter der Hauptstraße blau leuchtende **Kalamitsi-Strand** unterhalb des gleichnamigen Ortes. Gesäumt von Olivenbaumplantagen führt eine waghalsige Serpentinenstraße zum Meer hinab. Am schönsten, *Kavalikefta*

An windstillen Tagen schwappt das warme Wasser des Mittelmeers ruhig gegen die mächtigen Klippen der Steilküste von Porto Katsiki

genannten Strandabschnitt liegen zyklopenhafte Steine im Wasser. Ein umgebauter Lastwagen dient als Imbissbude, der Besitzer vermietet auch Liegestühle. Im Ort Kalamitsi selbst mit seinen herrlichen Fern- und Meerblicken wird Thymianhonig verkauft.

Mit seinen bodenständigen Tavernen ist das 15 km südlich von Kalamitsi gelegene **Athani** der ideale Ausgangspunkt, um die spektakulären Strände und Steilküsten der Halbinsel von *Mega Vouno* im äußersten Süden Lefkadas zu erkunden. Einsame Strandspaziergänge und unbeschreibliches Badevergnügen unterhalb hoch aufragender Klippen sind der Lohn für die schwierige Piste hinunter nach **Egremni** (da die Straße durch das Erdbeben im November 2015 zerstört wurde, ist der Strand aktuell nur mit dem Schiff erreichbar). Noch weiter südlich zweigt bei der riesigen Taverna Oasis die 5 km lange Asphaltstraße zum nicht minder schönen Badestrand von **Porto Katsiki** (vormittags schattig) ab. Eine Holztreppe führt zu zwei türkisblauen Sandbuchten am Fuße teilweise überhängender Kalksteinklippen – die größere Bucht ist nur watend oder schwimmend zu erreichen. Da auch Ausflugsboote von Vasiliki, Ithaka und Kefalonia hier gern anlegen, kann die Idylle im Sommer sehr gut besucht sein.

TOP TIPP

Ein überwältigendes Landschaftserlebnis beschert die Fahrt durch gelb blühende Macchiahügel und windgeschützte Weinpflanzungen hinunter zum **Kap Doukato**. Hier fällt lotrecht zum Meer der kreidefarbene *Leukadische Felsen* ab, von dem sich in einer Erzählung des Ovid die Dichterin Sappho aus unerfüllter Liebe zu Phaon in den Tod stürzte. Einst stand hier auch ein Apolloheiligtum, und noch bis in römische Zeit wurden Verbrecher von den Klippen hinabgestürzt. Wer überlebte, den begnadigte man. Heute überragt ein Leuchtturm die ungesicherte Steilküste, an der Fährschiffe zwischen Italien und Patras majestätisch vorbeiziehen.

TOP TIPP

Am Kap Doukato vollendete sich laut Ovid das Schicksal der liebeskranken Sappho

i Praktische Hinweise

Hotels

****Fantastico**, Kalamitsi, Tel. 26 45 09 93 90, Mobil 69 79 85 54 41, www.fantastico.gr. Studios hoch über der Küste mit schöner Aussicht.

Casa Varoli, Athani, Mobil 69 37 82 81 65. Das elegant eingerichtete Haus mit fünf Doppelzimmern punktet auch mit der idealen Lage: Die Strände von Porto Katsiki und Egremni sind jeweils nicht mehr als 2 km entfernt.

Nefeli, Agios Nikitas, Tel. 26 45 09 74 00, www.nefelihotel.gr. Das im Ionischen Stil erbaute Haus mit drei Patios an der Fußgängerstraße bietet 16 Gästezimmer und vier Studios.

Panorama, Athani, Tel. 26 45 03 34 76. Der hilfsbereite Dorfkrämer Thomas Rompotis vermietet über seiner Taverne funktionale Zimmer.

Restaurants

Kafenion Labrini, Hortata, 5 km südl. von Kalamitsi. Das Kafenion unterhalb der Dorfplatia wird von einer liebenswürdigen Dame in schwarzer Tracht geführt.

Lefkatas, Athani, Tel. 26 45 03 31 49, www.en.lefkatas.gr. Stockfisch, *Imam* (Auberginen) und Huhn mit Gemüse munden hier besonders gut.

Rachi, Exanthia, ca. 11 km südl. von Agios Nikitas. Hausgemachte Köstlichkeiten aus dem Holzofen und frisches Gemüse aus dem eigenen Garten werden den Gästen serviert. Terrasse auf 600 m Höhe mit Panoramablick. Die besondere Lage machen sich Paraglider zunutze und starten von Exanthia.

20 Vasiliki

Surfertreff und Seglerfjord.

Vasiliki hat in *Surferkreisen* einen legendären Ruf. Gilt es doch wegen seiner Windverhältnisse und der oft aufgepeitschten,

In der Vorsaison sind die Tavernen, die den Hafen von Vasiliki säumen, noch nicht so belebt wie während der sommerlichen Hauptreisezeit

vom westlichen Mega Vouno-Vorgebirge zurückbrandenden Meeresfluten als eines der besten Reviere für diesen Sport am Mittelmeer. Entsprechend groß ist die Zahl der Surflehrer und Brettervermieter.

Doch auch wer nicht dem Wassersport nachgehen will, kann in dem *Fährhafen* mit Verbindung nach Fiskardo auf Kefalonia und Kioni auf Ithaka angenehme Tage verbringen. Der Stolz der kleinen Stadt ist die von Eukalyptus und Platanen beschattete Wasserfront, an der sich mit Lampions erleuchtete Hafentavernen aneinander reihen.

Vasilikis langer Badestrand erstreckt sich westwärts des Ortskerns Richtung Ponti. Doch wer hier Ferien macht, bucht meist Bootstrips zu spektakuläreren Badefreuden, etwa nach *Porto Katsiki*, in die reizvolle Sandbucht *Agiofili* oder gar nach Ithaka. Ein weiterer reizvoller Ausflug führt in den 6 km nördlich gelegenen Bergort *Agios Petros*, wo sympathische Einkehrmöglichkeiten locken.

Das verträumte **Sivota**, dessen wenige Häuser sich entlang einer fjordartigen Bucht drängen, gilt als Alternative für anspruchsvolle Segler zum lebhaften Vasiliki. Erfreulich ist die Auswahl adretter Restaurants, die an der Hafenpromenade zu einem Mahl in stimmungsvoller Atmosphäre einladen. Für den letzten Drink bietet sich die Nachtbar *Liotrivi* an – eine ehemalige Ölmühle.

i Praktische Hinweise

Restaurants

O Gero Platanos, Kontarena, Tel. 26 45 03 19 26. Ganzjährig geöffnete, bodenständige Taverne.

O Vangelaras, Vasiliki, Tel. 26 45 03 12 24. Das 1908 gegründete, modern gestaltete Hafenrestaurant vermietet auch Zimmer außerhalb des Ortskerns.

The Blue Coast, Sivota, Tel. 26 65 09 33 74. Mediterrane Küche, dazu vegetarische

Fangfrisch auf den Tisch: In Vasiliki treffen im Hafen Segler und Fischer täglich aufeinander

Kantades statt Sirtaki – ionische Musik

Auch wenn die auf Lefkada geborene Sopranistin Agnes Baltsa (*1944) an den Opern der Welt ihre größten Erfolge mit der Carmen von Bizet feierte: Die Liebe zur **Musik** wurde ihr wohl schon in ihrer ionischen Heimat in die Wiege gelegt. Doch wer auf den Inseln lediglich Sirtaki erwartet, der hat sich getäuscht: Nicht nur in der Sprache, auch in der Musik ist der Einfluss der jahrhundertelangen venezianischen Herrschaft unverkennbar.

Man muss nur den **Kantades,** jenen schwermütigen, getragenen Liebesliedern lauschen, um das italienische Erbe zu erkennen. Diese Lieder sind der bedeutendste Beitrag der Ionischen Inseln zur griechischen Musik und entstanden zu Beginn des 19. Jh. auf Kefalonia. Dargeboten werden sie von drei von der Gitarre oder auch Mandoline begleiteten Männern, und sie erinnern stark an die aus Italien bekannten Serenaden.

Doch damit nicht genug: Man leistet sich Symphonieorchester, die Verdi und Märsche einheimischer Komponisten intonieren – auf Kefalonia gibt es sogar ein **Opernhaus**. In Zakynthos-Stadt gründete der italienische Musikprofessor Marco Battaglia 1815 eine Musikschule, die klassische Ausbildung institutionalisierte. Auch an der Universität der Ionischen Inseln in Korfu gibt es eine renommierte Musikfakultät.

Doch auch *Sirtaki* und *Rembetiko*, der unter Flüchtlingen aus Kleinasien nach Griechenland entstandene ›Blues Griechenlands‹, kommen nicht zu kurz und werden in vielen Tavernen sogar live gespielt.

Gerichte und Pasta. Brot und Desserts kommen aus eigener Produktion, geöffnet April–Nov.

21 Poros

Bauerndorf mit malerischer Kapelle und reizvoller Badebucht.

Poros ist ein unverbautes, an den Hang geschmiegtes Bauerndorf mit grottenartigen Ziegenställen und rohen Steinhäusern. Kurz vor dem Ort führt ein Feldweg zur fast geborstenen *Analipsis-Kapelle* mit tiefen Erdbebenrissen. Sehenswert ist im Inneren die Ikonostase, auf der die Johannesschale mit dem Kopf des Täufers dargestellt ist. Sie erinnert daran, dass Salome ihrer Mutter den Kopf des Heiligen nach dessen Enthauptung in einer Schüssel darbot.

Viele Kurven geleiten von Poros hinunter zum breiten **Rouda-Strand**, der auch als Mikros Gialos bekannt ist. Hier kann man windgeschützt sonnenbaden, schnorcheln oder entlang der westlichen Kalksteinklippen zu einer winzigen Sandbucht kraulen.

i Praktische Hinweise

Hotel

***Rouda Bay Hotel**, Poros, Tel. 26 45 09 56 34, www.roudabay.gr. Familiäres Apartmenthotel am Kiesstrand, Zimmer mit Küche, außerdem ist ein Restaurant in die Anlage integriert.

Restaurant

O Nikos, Poros, Tel. 26 45 09 50 53. Die von den Flaggen Europas geschmückte Taverne bietet günstige Familienküche.

22 Sivros und Agios Ilias

Winzerdörfer und Traumblicke im Gebirge.

Bäuerinnen, die ihren schwer beladenen Maulesel durch Olivenhaine treiben, einsame Felskapellen, steiniges Hochland: Eine Tour durch das Landesinnere ist ein Abenteuer voller Entdeckungen – für die unasphaltierten Passstraßen benötigt man allerdings ein geländegängiges Fahrzeug.

In **Sivros**, das für seine Grilllokale bekannt ist, sitzt man unter riesigen Maulbeerbäumen an der Platia. Ein landschaftlich reizvoller Abstecher führt zum aufgegebenen Kloster *Agios Ioannis Theologos* (2 km südl.), dessen brüchige Mauern mit mächtigen Holzpfählen abgestützt wurden. Im Klosterhof wachsen Eukalyptus und Johannisbrot über säuberlich behauenen Steinblöcken, Resten eines antiken Artemis-Tempels. Von hier oben bieten sich Fernblicke auf die Buchten von Vasiliki und Ammous. Für deutsche Augen liegt an dem hübschen Platz zu viel Picknickmüll herum, aber viele Griechen halten es in mediterraner Gelassenheit mit der Devise, lieber vor als nach dem Fest aufzuräumen.

Von Sivros schrauben sich durch eine imposante, herbe Berglandschaft zahlreiche Serpentinen empor zum weltvergessenen Winzerdorf **Agios Ilias** (720 m). Der Bergwein, der in dieser Gegend des wasserarmen, sonnenreichen Lefkada zwar mühselig bewässert, aber nicht unbedingt angepflockt und hochgebunden werden muss, wird von Kennern wegen seiner wuchtigen Aromenfülle hoch geschätzt.

i Praktische Hinweise

Restaurant

Kataphygio, Agios Ilias, Tel. 26 45 03 92 17. Eleni Argyrou, schwarz gekleidete und traditionsbewusste Lefkadierin, bereitet in ihrem liebenswerten Gartenlokal Bauernsalat oder Omelett zu.

23 Karia und Englouvi

Kunstvolle Handarbeiten und Linsenterrassen zu Füßen des Stavrotas.

In dem großen Bergdorf **Karia** leben noch gut 1000 Menschen, hier hat man sich auch auf den Tourismus eingestellt. Besonders die großzügige Platia mit ihren zahlreichen Einkehrmöglichkeiten wird im Sommer zum Treffpunkt.

Karia war einst das Zentrum der ionischen Spitzenklöppelkunst. Dokumentiert ist dies im **Volkskundemuseum** (tgl. 9–19 Uhr, von der Platia steiler Aufstieg!) in der Hausschule am Ortsrand. Hier unterwies 1912–45 die einarmige Meisterklöpplerin Maria Koutsochero Mädchen

Eingebettet in die bewaldeten Hügel des Inselinneren von Lefkada liegt Bauerndorf Englouvi

Freizeitkapitäne schätzen die Bucht von Vlicho zwischen der Halbinsel Geni und dem Ferienort Nidri

in der Kunst der *Kentimata* (Spitzen). Die kostbaren Frauentrachten Karias werden jedes Jahr am 11. August hervorgeholt, wenn auf der Platia eine lefkadische Hochzeit mit Tänzen und Musik aufgeführt wird.

Richtung Süden windet sich die asphaltierte Straße vorbei an einsamen terrassierten Hochebenen und grauen Trockenmauern – hier wachsen die in ganz Griechenland wegen ihres Geschmacks berühmten Linsen von **Englouvi**. Das wildromantisch in einem Talkessel gelegene Dorf selbst wirkt die meiste Zeit des Jahres recht ausgestorben. Im August jedoch erwacht es zum Leben, wenn das *Linsenfest* gefeiert wird. Dann köcheln die Hülsenfrüchte in großen Kupferkesseln stundenlang über offenem Feuer, bis sie zusammen mit geröstetem Brot und Sardinen auf den Tisch kommen – ein willkommener Anlass für Familientreffen, untermalt mit Musik. Unter Denkmalschutz stellen sollte man Englouvis **Postamtkafenion** *To Paradosiako*, in dem die Briefe auf dem Tresen zum Selbstabholen ausliegen. Wer sich allerdings die Linsen als Souvenir mit nach Hause nehmen will, hat es bei *I Gefsi* (Dörpfeld 46, Lefkada-Stadt) wesentlich einfacher, sie zu erwerben.

Vorbei an letzten windzerzausten Baumriesen und Kapellen geht es weiter in die Gipfelregionen des Elati-Massivs. Die asphaltierte Straße endet auf dem von Radarantennen bestandenen Gipfel des **Mnimati** (1158 m). Etwa 2 km vor dem Gipfel zweigt eine Militärstraße, die allerdings nur für Geländewagen zu empfehlen ist, nach Agios Ilias ab.

24 Nidri und die Ostküste

Onassisanekdoten, Badetrubel und Bootsfahrten.

Nidri ist der **Badeort** Nummer eins auf Lefkada. Größter Pluspunkt des besonders bei Holländern und Schweden beliebten Dorfes ist die prachtvolle Aussicht, die sich von der breiten Hafenpromenade aus bietet. Der Blick schweift von der leuchtend weißen Kyriaki-Kirche auf der Geni-Halbinsel über das von waldgrünen Inseln gesprenkelte Meer bis zum über 1000 m hoch aufschießenden steingrauen Festlandsgebirge. Abwechslungsreich ist auch das reiche Ladenangebot entlang der Hauptstraße. Die sandigen Stadtstrände mit Palmen, an denen Tretbootvermieter gute Geschäfte machen, erstrecken sich nördlich der Uferpromenade, während Richtung Vlicho-Bucht eher die Arbeitswelt der Schiffswerften regiert.

Die Vielzahl sich vor der Küste tummelnder Jachten und Katamarane vermittelt den Eindruck einer permanenten Regatta. Nicht nur Fähren nach Ithaka, Kefalonia und Meganisi, sondern auch Flotillen von Ausflugsbooten, darunter die rotgoldene *Odysseia*, eine originelle Nachbildung eines antiken Schiffs, stechen jeden Morgen in See, um die umliegenden Eilande, Grotten und Buchten zu erkunden.

Das ufernahe private Inselchen Madouri mit der venetisch wirkenden Ufervilla des Dichters Angelos Sikelianos (1884–1951) bleibt freilich ebenso Tabuzone wie das flache zypressenbeschirmte Onassis-Domizil **Skorpios**.

TOP TIPP Pflichtprogramm ist die Wanderung zu den **Katarraktes**, Wasserfällen in einer üppig bewachsenen Schlucht 3 km westlich vom Ortskern (von Nidri mit Rückweg ca. zwei Stunden). Die unübersehbar ausgeschilderte asphaltierte Anfahrt endet bei einer Bar mit Wasserbecken. Von hier steigt der Wanderweg entlang einer offenen Wasserleitung ca. 15 Min. stetig an und führt in eine Wildbach-

schlucht, in der riesige Felsbrocken dem Winterwasser den Weg versperren. Der weitere kurze Aufstieg über Treppen zur Kaskade kann durch Sprühwasser ziemlich glitschig sein.

Die **Geni-Halbinsel**, die die Vlicho-Bucht begrenzt, zählt zu den schönsten Ausflugsgebieten Lefkadas. Im Ort *Geni* servieren ländliche Ufertavernen Tintenfischsalat, in der dem offenen Meer zugewandten Bucht von Desimi fühlen sich Camper besonders wohl. An der Nordspitze spaziert man auf einem Uferpfad zwischen Mastix und Mäusedorn zur Privatkapelle *Agia Kyriaki* (1906), deren Glockenturm malerisch auf den weiß gekalkten Fels aufgemauert ist. Die Kirche wird auch von Ausflugsbooten von Nidri aus angesteuert.

In der Nähe der Kirche liegt, beschirmt von Steineichen, Stechwinden und Myrten, das Grab des Altertumsforschers Wilhelm Dörpfeld (1853–1940): Der Archäologe verbrachte seine letzten Lebensjahrzehnte bei Nidri, in dessen Umgebung – besonders bei dem Ort Steno – er über 30 Bronzezeitgräber (ca. 1900–1550 v. Chr.) fand. Für ihn war dies Beweis, dass Lefkada das homerische Ithaka war.

Die Fahrt nach **Vafkeri**, einem kleinen Ort oberhalb Nidris, ermöglicht entlang der Serpentinenstraße herrliche Ausblicke auf die Meerenge zwischen Lefkada und dem Festland.

Die bei Fahrradfahrern beliebte Uferstraße von Nidri nach Lefkada-Stadt passiert die Insel Sparti und zwei Fischerhäfen: In den Tavernen von *Nikiana* und dem hübscheren *Ligia* kommt der Tagesfang direkt auf den Grill. Kurz vor Lefkada-Stadt zweigen Fahrwege zu den aufgelassenen Alexandros-Salinen ab, durch die weiße Kuhreiher staken. Das Fort vor den Salinen wurde von den Russen erbaut, auf dem Festland steht ihm eine türkische Festung gegenüber.

i Praktische Hinweise

Hotels

******Ionian Blue**, Nikiana, Tel. 26 45 02 90 29, www.ionianblue.gr. Elegantes, in Terrassen zum Meer abfallendes Spa-Hotel mit großem Sport- und Wellness-Angebot.

****Hotel Oasis**, Perigiali. Tel. 26 45 09 26 94, www.lefkadaoasis.gr. Intimes Hotel mit Garten und Blick auf das nur 100 m entfernte Skorpios.

****Hotel Philippos**, Nikiana, Tel. 26 45 07 15 98, www.hotelphilippos.gr. 2001 am Episkopos Beach erbautes lichtes Hotel mit Park und Bungalows.

Restaurants

Dimitris, Porto Geni, Tel. 26 45 09 52 47. Ufertaverne mit eigenem Fischbecken.

Ta Kalamia, Nidri, Tel. 26 45 09 29 83. Linsensalat mit Kräutern oder gebackenes Lamm: Hellenische Küche, verbunden mit polynesischer Eleganz.

Beschauliche Tage am Strand erwarten die Gäste des Badeorts Nidri

Taverna Pantazis, Nikiana, Tel. 26 45 07 12 11. Neben dem Strand, nur wenige Meter vom Meer entfernt werden typisch griechische Gerichte serviert. Besonders empfehlenswert: Saganaki und *Astakomakaronada* (Pasta mit Hummer).

To Lefko Akrogiali, Nikiana, Tel. 26 45 07 13 71, Mobil 69 32 15 47 33. Hier speist man in einer Weinlaube am Meer unter bunten Kürbissen günstig frischen Fisch.

25 Meganisi

Ausspannen auf der Seglerinsel

Die ›große Insel‹, mehrmals täglich per Autofähre (ca. 30 Min.) mit Nidri verbunden, ist fest in der Hand treuer Jachturlauber, die die Vielzahl tief eingeschnittener Buchten und Marinas zu schätzen wissen.

Der Lebensstil der Insulaner bewegt sich trotzdem noch immer in traditionellen Bahnen. Es gibt zwei Hotels, außerdem auch einige Zimmervermieter. Schnell hat man die wenigen Siedlungen und Badebuchten erkundet und kann sich dem gemächlichen Rhythmus des Insellebens anpassen.

Das hübsche **Vathi** wird von der Kirche des hl. Bessarion überragt. An der Uferpromenade, wo nachmittags Wirtinnen in schwarzer Tracht vor den Tavernen Gemüse schneiden, werden in der herrlich altmodischen Bar *Akrogiali* (Tel. 26 45 05 12 12) unaufgefordert zum Ouzo Appetithäppchen gereicht – im Schankraum warnt ein altes Schild: *Mi ptiete kata gis* – spuckt nicht auf den Boden!

Im höher gelegenen Hauptort **Katomeri** (1 km landeinwärts) befinden sich Rathaus, Apotheke und Tankstelle. Fahrstraßen erschließen leicht zu findende Badebuchten. Am bekanntesten ist der östliche *Fanari-Strand* bei einem Leuchtturm, der die bei Seglern beliebte *Atherinos-Bucht* überragt. Puristen zieht der entzückende naturbelassene *Limonari-Strand* an, von dem aus man zu einer kleineren, noch einsameren Bucht klettern oder schwimmen kann.

Westwärts führt von Vathi eine Uferstraße zum zweiten Fährenstopp **Porto Spilia**. Das auf dem Plateau darüber thronende Spartochori gilt mit seinen engen Gassen als ursprünglichstes Inseldorf. Straßenschilder weisen von dort zum flachen kieseligen *Agios Ioannis-Strand* mit Sommertavernen und hübschem Kirchlein auf der Ostseite der Insel, gegenüber von Lefkada. Hier kann man beim Baden den Segelbooten zuschauen, die im Sund vor der lefkadischen Poros-Halbinsel kreuzen.

Der unzugängliche wurmförmige Inselsüden ist nur über verwachsene Jägerpfade erschlossen. Seine reizvolle Küstenlinie mit der *Papanikoli-Grotte*, in der sich 1944 ein griechisches U-Boot vor der deutschen Marine versteckte, wird bei Bootsfahrten von Vathi oder Nidri aus angesteuert.

Segler schwärmen von den einsamen Inseln *Kalamos* (600 Einw.) und *Kastos*, die vor der Festlandsküste in der Bucht von Mytikas liegen. Auch diese Eilande werden im Sommer von Ausflugsbooten von Nidri und Ithaka aus angefahren, eine Fährverbindung nach Kalamos gibt es nur von Mytikas auf dem Festland. Außer den Fischtavernen im malerisch am Hang gestaffelten **Kalamos-Stadt**, dem einzigen größeren Ort der 675 m hohen Insel, locken der Agrapidia-Strand mit seinen Windmühlen und Wanderungen zu verlassenen Bergdörfern.

Die zweigeschossigen Steinhäuser auf der Fischerinsel **Kastos**, erst vor wenigen Jahren an die Wasserversorgung angeschlossen, werden als Sommerbleibe restauriert, keine 50 Insulaner harren ganzjährig hier aus.

i Praktische Hinweise

Hotels

******Esperides Resort**, Spartochori, Tel. 26 45 05 17 61, www.esperides-resort.gr. Kongresszentrum und Hotel mit 50 großzügigen Zimmern und Suiten in herrlicher Lage über dem Meer.

****Hotel Meganisi**, Katomeri, Tel. 26 45 05 12 40. Akkurates kleines Familienhotel mit Pool und vorzüglicher Küche. Ganzjährig geöffnet.

Restaurants

O Lakis, Spartochori, Tel. 26 45 05 12 28, Mobil 69 76 40 96 42. Die Dorftaverne ist berühmt für Griechische Abende.

Porto Vathi, Vathi, Tel. 26 45 05 11 25. Fisch direkt am Fährquai.

Aristoteles Onassis mit seiner ersten Frau Tina und Sohn Alexandros

Onassis – der Odysseus von Skorpios

›Männer schaffen sich ihr Schicksal selbst.‹ Diese Weisheit bläute schon die Großmutter Getsemani dem in Smyrna (Izmir) in der heutigen Türkei geborenen Aristoteles Sokrates Onassis (1906–1975) ein.

1922 floh der Sohn eines Tabakhändlers vor der türkischen Besetzung Kleinasiens ins ferne Argentinien. Nach harten ersten Jahren, in denen er u.a. als Telefonvermittler arbeitete, kam er im **Tabakhandel** zwischen Griechenland und Argentinien zu einigem Wohlstand. Doch der ehrgeizige Grieche wollte mehr: 1932 kaufte er sechs Schiffe einer bankrotten kanadischen Gesellschaft. In den folgenden Jahren baute er seine Flotte immer weiter aus. Sein größter Coup gelang ihm 1954: Er erwarb das Exklusivrecht, Öl aus Saudi-Arabien zu verschiffen. Bald gab Onassis die größten **Tanker** seiner Zeit in Auftrag, gründete die Fluglinie Olympic Airways und besaß die Hälfte des Casinos von Monte Carlo.

Legendär wurde ›Ari‹ jedoch durch seine **Frauengeschichten**. Besonders seine Liaison mit der Operndiva Maria Callas, wegen der ihn seine erste Frau Tina (Athina) Livanos verließ, füllte die Klatschspalten. 1968 heiratete der Tycoon auf Skorpios gar Jackie Kennedy, die Witwe des amerikanischen Präsidenten John F. Kennedy nach orthodoxem Ritus.

Auf Skorpios liegt der Herr der Schiffe an der Seite seiner Kinder Alexandros und Christina begraben. Die Insel gehört mittlerweile seiner in der Schweiz aufgewachsenen reitsportbegeisterten Enkelin Athina Roussel de Miranda Neto, die 2003 volljährig wurde und das Erbe ihrer 1988 verstorbenen Mutter Christina antrat.

Ithaka – Buchten und Wanderwege auf Odysseus Spuren

Auf der Insel des **Odysseus** verbringt seine Ferien, wer sich nach Ruhe und Erholung sehnt. Einsame Küstenwanderwege, die sich durch duftende Macchia schlängeln, und Badebuchten mit dichter, meist bis an die knappen Kieselstrände reichender Bewaldung sind ihre Hauptattraktionen.

Zum Charme Ithakas, einem beliebten Ziel für Freizeitkapitäne und Individualreisende, trägt auch der sensible Wiederaufbau nach dem Erdbeben 1953 bei. Die meisten Häuser sind im neoklassischen Inselstil in althergebrachten Farbtönen wie pompejanischrot, aquamarinblau oder zitrusgelb gestrichen – so vermittelt die Inselhauptstadt **Vathi** mit ihren Treppenwegen wieder authentisches Flair. Auch die übrigen Dörfer der Insel, der betriebsame Fährhafen **Frikes** oder das fast verlassene **Anogi** verzaubern mit ihrer typisch ionischen Atmosphäre.

26 Vathi

Die Inselhauptstadt an der Molos-Bucht gleicht einem Naturtheater.

Erst wenn die Fähre in die 300 m breite Molos-Bucht einbiegt, werden die bonbonfarben gestrichenen Häuser der charmanten Inselhauptstadt Vathi (1800 Einwohner) sichtbar. Schon im Jahr 1840 pries Fürst Pückler von Muskau den malerischen Anblick der Stadt, deren Häuser »amphitheatrisch den großen Wasserkessel umgeben«.

Geschichte Ithaka ist seit der frühen Bronzezeit besiedelt, eine erste Hauptstadt lag in der Antike über der Polis-Bucht im Norden der Insel. Seit alters her wurde versucht, die Odyssee als realistischen Seefahrtsatlas zu deuten – und entsprechend intensiv forschte man nach den Schauplätzen des Epos auf Ithaka. Mit der Arethusa-Quelle als Tränke der Schweine des Eumaios oder dem Palast des Odysseus auf dem Berg Aetos meinten die Wissenschaftler auch fündig geworden zu sein.

Exogi, auf Griechisch ›Außenland‹, liegt hoch über der Bucht von Afales. So blieb der Ort vor Piratenangriffen geschützt

Als sicher darf gelten, dass Ithaka lange von Kefalonia aus regiert wurde und in der römischen Kaiserzeit zur Provinz Epirus gehörte.

Auch im byzantinischen Mittelalter wurde die Insel von Kefalonia mitverwaltet. Um 1500 war sie nach fürchterlichen spanischen und türkischen Plünderungen fast menschenleer, doch unter venezianischer Herrschaft, die von 1503 bis 1797 dauerte, stieg die Bevölkerungszahl wieder auf etwa 15 000 Einwohner.

Der Ruhm Homers lockte Besucher wie Lord Byron, der von hier 1823 nach Messolongi absegelte, um sich persönlich am griechischen Befreiungskampf zu beteiligen, und Heinrich Schliemann (1868), der auf der Suche nach dem Palast des Odysseus Ausgrabungen vornahm. Im 19. Jh. war Ithaka zudem für seine Schiffswerft und seine Seeleute bekannt, die auf allen Meeren zu Hause waren. Zum Nationalhelden wurde der auf der Insel geborene Diktator Griechenlands Ioannis Metaxas, der am 28. Oktober 1940 Mussolinis Forderung nach Durchmarschrechten in Griechenland mit einem schlichten *Ochi* (Nein!) zurückwies.

Das Erdbeben 1953 forderte nur ein Menschenopfer, eine alte auf einem Esel reitende Frau stürzte zu Boden – der Esel überlebte! Nach langen Jahren der Landflucht leben heute nur noch 3000 Einwohner ständig auf Ithaka.

Im 19. Jh. besuchte Fürst Pückler auf den Spuren Homers die Insel Ithaka. Die Häuser ihres Hauptortes Vathi ziehen sich wie ein Amphitheater die Hänge hinauf

Zentrum des kleinstädtischen Lebens von Vathi ist die quadratische **Platia Eleftheriou Drakouli**. Hier gibt es zahlreiche Cafés und *Periptera* (Kioske). Diese spielen im griechischen Alltag eine große Rolle, weil sie bis nach Mitternacht eisgekühlte Getränke servieren und Zeitungen verkaufen. Vom Kai aus tuckern kleine Ausflugsboote zu den schönsten Stränden der Insel wie dem Gidaki-Beach, werden Touren nach Lefkada, Atokos, Kastos und Kalamos angeboten. In der **Hafenbäckerei Stathis** (Tel. 2674033344) wird frühmorgens köstliches, mit schwarzen Oliven gefülltes Fladenbrot verkauft.

TOP TIPP

In einer Gasse hinter dem *Tachydromion* (Postamt) versteckt sich die hellblau gestrichene Kirche **Agios Nikolaos**. Hier hat der Pope ein Jugendwerk des Kreters Domenikos Theotokopoulos (El Greco, 1541–1614) allgemein zugänglich an einen Altartisch gelehnt. Der auf Holz gemalte Schmerzensmann beeindruckt durch seine feinen, gequälten Gesichtszüge, zeigt aber keine Parallelen mit dem späteren, nervösen Stil des berühmten Malers.

Das markanteste Bauwerk der Hafenpromenade ist die weiß gestrichene im ionischen Stil für eine wohlhabende Reederfamilie errichtete **Villa Drakoulis**.

Inseln per Boot entdecken: die Ausflugsboote pendeln zwischen Kefalonia und Ithaka

Um wie viel schwerer hatte es da Penelope, die Gattin des Odysseus, deren moderne Statue vor dem Büro der griechischen Telefongesellschaft OTE sitzt und scheinbar noch heute auf ihren Ehemann wartet.

Vathis Museen liegen einen Straßenzug hinter dem Meer. Die zwei Säle des kleinen **Archäologischen Museums** (Di–So 8.30–15 Uhr) zeigen hauptsächlich Gebrauchskeramik von den Grabungen am Aetos [s. S. 80]. Das Prachtstück der übersichtlichen Sammlung ist ein Weinkrug mit Mäandermustern.

Eine bronzene Götterstatue posiert vor dem **Folkloremuseum** (Tel. 2674033398, Di–So 9–14 und 16–20, Sommer bis 21 Uhr), das im still gelegten ersten Elektrizitätswerk Griechenlands untergebracht ist. Im Erdgeschoss wird Hausrat und Mode ausgestellt, darunter ein im Jahre 1932 in den USA angefertigtes Hochzeitskleid. Im 1. Stock erfährt man Details über die Seefahrtstradition der Insulaner: 1901 stammten erstaunliche 83 % aller Lotsen der Donaudampfschifffahrt aus Ithaka oder Kefalonia. Eine populäre Idee, moderne Kunst zu präsentieren, sind die ebenfalls im Obergeschoss ausgestellten *Eikones*. Jedes Jahr lassen sich Künstler durch Ithaka zu zehn dieser kleinen Täfelchen inspi-

rieren – eine der aktuellsten zeigt einen schnauzbärtigen, Sirtaki tanzenden Griechen mit dem Kommentar ›100 % Ouzo, Tzatziki, Souvlaki‹.

Am Jachthafen vorbei führt ein Spaziergang in 30 Min. zum adretten Kiesstrand von Loutsa mit einer freundlichen Strandbar. In den Ruinen des benachbarten venezianischen Forts dräuen zwei rostige Kanonen mit eingepunzten Markuslöwen. Einst bewachten sie die Hafeneinfahrt.

Das 100 m vom Ufer entfernte Inselchen in der Bucht trägt den Namen **Lazareto** – auch wenn es einst kein Krankenhaus, sondern eine Quarantänestation beherbergte. Heinrich Schliemann und

Vorbei an einer kleinen Ikone am Wegesrand eröffnet sich der traumhafte Blick auf das Meer

Lord Byron schwammen allmorgendlich zu ihr hinaus. Von der alten Bebauung hat sich die **Sotiros-Kapelle**, die Kirche des Retters, aus dem Jahr 1668 erhalten.

i Praktische Hinweise

Information

Municipal Enterprise for the Development of Ithaca, 138 Razou Sp. (Rathaus), Vathi, Tel. 26 74 03 27 95.

Hafenamt Ithaka, Vathi, Tel. 26 74 03 29 09.

Hotels

******Perantzada 1811**, Odos Odissea Androutsou, Vathi, Tel. 26 74 03 34 96, www.perantzadahotel.com. In elegantem Design eingerichtete hellblaue Patriziervilla in neoklassizistischem Stil.

TOP TIPP ***Hotel Omirikon**, Coastal Road (Mylos), Vathi, Tel. 26 74 03 35 96, www.omirikonhotel.com. Gepflegtes Haus im traditionellen Archontika-Stil an der Uferpromenade. Zehn geräumige Suiten, persönliche Atmosphäre.

Odyssey Apartments, Vathy, Tel. 26 74 03 34 00, Mobil 69 73 20 97 01, www.odysseyapartments.com. Neun geräumige Studios auf einem Hügel in Hafennähe.

Restaurants

Poseidon, Vathi, Mobil 69 80 81 72 41. Weltenbummlertreff in einer Seitengasse. Besonders schmackhaft sind die ithakischen Krautwickel (*Lachanodolmades*).

Psistaria o Zois, Vathi, Kentriki Platia, Tel. 26 74 03 28 52. Bodenständiges wie *Kokoretsi* (Lamminnereien) oder *Kontosouvli* (Schweinefleisch) vom Rost.

27 Arethusa-Quelle

TOP TIPP *Herrliche Wanderung in die homerische Sagenwelt.*

Von Vathis Kathedrale hinter dem Hotel Mentor führt eine Asphaltstraße südwärts zur klassischsten aller Ithakawanderungen. Der ausgeschilderte schattenlose Weg hinunter zur Arethusa-Quelle beginnt etwa 3,5 km nach dem Ortsausgang von Vathi und dauert ca. zwei Stunden. Er bietet herrliche Fernblicke auf die Inseln Atokos und Kalamos sowie das akarnanische Festlandsgebirge. Unterwegs blühen Erdbeerbäume, Zistrosen, Mastix und Meerzwiebeln. Da man oft bis auf Brusthöhe durch die stachlige Pflanzenwelt der Phrygana (griech. Macchia) streift, empfiehlt sich dringend schützende Bekleidung.

Die Quelle selbst liegt in einer kühlen Schlucht, ein an den Fels gekrallter Terebinthenbaum spendet Schatten. Hier soll Eumaios »mit schattigem Wasser, wovon das Fett den Schweinen erblühet« die Herde des Odysseus getränkt haben. Wer das Wasser kosten möchte, muss eine Schöpfvorrichtung improvisieren, denn die Felsöffnung ist zu eng, um zu dem in ca. 1 m Tiefe gluckernden Nass hinunterzuklettern. Einsame Badefreuden verheißt der nahe *Pera Pigadi*-Strand.

Von der Asphaltstraße, die bald zur Piste wird, zweigen Pfade zum Korax-Felsen oberhalb der Quelle, zum Kap Mounda mit Leuchtturm und Johanniskapelle sowie zum Marathias-Plateau ab, wo Schliemann die Stallungen des Eumaios vermutete, in denen der heimgekehrte Odysseus seine erste Nacht verbrachte.

Auch wegen der Dornen der Bibernelle sollten Wanderer auf Ithaka lange Hosen tragen

So schön die Blüten des Erdbeerbaumes auch aussehen, seine Früchte schmecken bitter

Mit sichtlichem Vergnügen zeigt die Kustodin der Panagia-Kirche in Paleochora ihren Gästen die reich mit Fresken verzierten Wände des Gotteshauses

28 Perachori und der Süden

Erdbebendorf und Traumstrände.

Zu dem wunderschön gelegenen Weinbauerndorf **Perachori** am Petaleiko-Hügel führen von Vathi aus teils schlecht ausgeschilderte Straßen. Im einstigen Hauptort der Insel lebten im 18. Jh. über 1000 Menschen von Weinbau und Holzwirtschaft – durch die Landflucht ist diese Zahl auf heute noch 350 Bewohner zurückgegangen. Höhepunkt des Dorflebens ist ein Weinfest Ende August, bei dem der bernsteingelbe Inselnektar in Strömen fließt.

Am oberen Ortsrand erschließen Pfade die etwa 1 km von Perachori entfernten überwucherten Trümmer des 1953 aufgegebenen **Paleochora** (›Alte Stadt‹) zu Füßen des 669 m hohen Niion. Die in den letzten Jahren restaurierten freskengeschmückten Panagia-Kirchen der verlassenen Ortschaft öffnet die Kustodin gegen Trinkgeld.

Die Südhälfte der Insel kann mit charmanten Badestränden und spektakulären Wanderungen aufwarten. Von der Skinos-Bucht im Norden von Vathi mit ihren luxuriösen Privatvillen führt ein Wanderweg zum beliebten Gidaki-Strand, der auch täglich von Ausflugsbooten aus der Inselhauptstadt angesteuert wird. Die dortige Strandbar wird nur in den Sommermonaten betrieben.

Um die Doppelbucht von **Sarakiniko** mit ihrer im Jahr 1979 gegründeten deutschen ›Hippiekommune‹ ist es ruhig geworden, heute leben nur noch wenige Aussteiger hier. Der erste enge Kiesstreifen voller Strandgut eignet sich kaum zum Baden, dafür trifft man dort Fischer, die gelbe Netze flicken. Umso charmanter ist der kleine Camping-Strand von *Filiatro* mit seinen kreideweißen Klippen und windgebeugten Ölbäumen.

Nur über einem Inselstrand weht bislang die Blaue Flagge: An der **Dexa-Bucht** (2 km westl. von Vathi) spenden Olivenbäume den Sonnenbadenden Schatten. An dem von Homer Phorkys genannten Gestade sollen die Schiffe der Phäaken bei dichtem, von der Göttin Pallas Athene gesandten Nebel den eingeschlummerten Odysseus nach 20-jähriger Abwesenheit in seiner Heimat abgesetzt haben. Von der Uferbar schweift der Blick hinüber auf das Inselchen Skartsoumbonisi und den über 800 m hohen nordithakischen Berg Niritos.

Bei der Tankstelle über der Bucht führt eine Stichstraße hinauf zur meist versperrten Nymphengrotte, in der Odysseus nach dem Erwachen die Schätze der Phäaken versteckt haben soll – doch lohnt der Einstieg in die glitschige, von Stalaktitenräubern verstümmelte Grotte ohnehin kaum.

Eine in den Fels gefräste Straße führt an der Landenge in der Mitte Ithakas etwa 2,5 km nach dem Ortsausgang von

Vathi südwärts nach **Piso Aetos**: Der Fährhafen nach Sami und Fiskardo besteht aus einer Mole mit Ticketschalter und Snack Bar und einem passablen Kiesstrand. An dem lässt sich die Wartezeit für ein erfrischendes Bad nutzen.

i Praktische Hinweise

Restaurant

Drosia, Vathi, Tel. 26 74 03 29 59. Auf einem Hügel über Vathi kocht Yiannis Politis griechisch auf, seine Frau Indira steuert eine leckere Auswahl von Spezialitäten ihrer venezolanischen Heimat bei.

29 Stavros, Kioni und der Norden

Bergziegen, Badebuchten und Jachthäfen.

Auf dem Isthmus von Ithaka, der die Süd- mit der Nordhälfte der Insel verbindet, erhebt sich der 378 m hohe **Aetos** (Adlerberg). Auf seinem mühselig zu erklimmenden Gipfel sind spärliche Reste eines Tempels, kyklopische Mauern und ein mykenisches Grab zu identifizieren. Hier lag einst die Akropolis des antiken Alalkomenai, in der Heinrich Schliemann 1868 die burghafte Residenz des Odysseus, die bei Homer drei Buchten überblickt, zu erkennen glaubte.

Nördlich des Isthmus beginnt die in die Westflanke des 809 m hohen Niritos gesprengte Straße nach Stavros. Sie erschließt spektakuläre Steilküsten mit Panoramablicken auf das an der engsten Stelle nur 1,5 Seemeilen entfernte Kefalonia und ermöglicht Abstecher zu wunderschönen abgelegenen Badestränden wie dem ›Weißen Strand‹ **Aspros Gialos** mit seinem milchblau schimmernden Wasser: Eine Serpentinenrampe führt von Lefki hinunter über Agios Ioannis zu diesem kreideweißen Kieselstreifen, der von einer mondänen Villa überragt wird.

In **Stavros** kreuzen sich die wichtigsten Straßen der nördlichen Inselhälfte. Mehrere Tavernen und Cafés, die den Reis-Honig-Olivenöl-Pudding *Rouvani* anpreisen, versuchen den Gast zum Verweilen in der größten Ortschaft der Gegend zu locken. Im zentralen Stadt-

Geradezu atemberaubend: der grandiose Ausblick vom Kloster Katharon auf Vathi und die Molos-Bucht

park steht eine Odysseusbüste – eine ehrgeizige Schautafel versucht die Stationen der Odyssee geographisch zu verorten. Die gelb gestrichene **Sotiros-Kirche** mit ihrer markanten Kuppel erstrahlt innen in blassen Blautönen. Am 5. und 6. August versammeln sich dort viele Inselbewohner zu einem großen Kirchweihfest.

Von Stavros führen Serpentinen hinunter zur Badebucht **Polis**. Von diesem kleinen Fischerhafen soll Odysseus gen Troja abgesegelt sein. Tatsächlich zeugen Überreste von einer antiken Siedlung. Die Loizos-Höhle am nördlichen Buchtende ist 1953 eingestürzt. Fundstücke dieser antiken Kultstätte befinden sich im *British Museum* in London und im kleinen **Archäologischen Museum** (Di–So vorm.) von Pilikata am nördlichen Ortsrand von Stavros. Dessen kostbarster Besitz ist das Scherbenfragment einer Frauenmaske mit der Aufschrift EUCHEN ODYSSEI (Odysseus zum Ruhme).

Von der Straße zwischen Stavros und Exogi zweigt eine kurze, von Schlaglöchern übersäte Trasse zur so genannten **Schule des Homer** ab – ein romantischer Fantasiename für eine antike Stätte, deren genaue Bestimmung ungeklärt ist. Wer über die Oliventerrassen ein Stück emporsteigt, entdeckt jedenfalls eindrucksvolle aus dem Fels geschlagene Treppentrümmer. Ein aus Orthostatblöcken aufgetürmtes antikes Gebäude wurde später zur Kirche umfunktioniert – ein roher Säulenstumpf diente als Altar.

Die Betongusspiste schraubt sich weiter hinauf ins 340 m hoch gelegene **Exogi**, in dem nur noch wenige Senioren wohnen. Ein Kafenion gibt es nicht, dafür stößt man hier auf ein magisches Belvedere: Vom zypressenbeschirmten Friedhof bietet sich eine herrliche Aussicht auf die Bucht von Afales und den 1158 m hohen Stavrotas auf Lefkada.

Einen skurrilen **Statuenpark** schuf der Künstler Efstathios Raftopoulos in Kolieri, einer Fraktion von Platrithias. Beeindruckender als seine naiven Antikenimitate sind die ›Obelisken‹ aus über 20 aufeinander gestapelten schweren Mühlsteinen, die den »Generationen, die das Land Ithakas kultiviert haben« gewidmet sind.

Ca. 100 Einwohner leben noch in **Frikes**, von wo Fähren nach Vasiliki auf Lefkada ablegen. Es besteht im Wesentlichen aus einigen hübschen Häusern um ein Hafenbecken, das von Tavernenstühlen gesäumt wird. Das moderate Preisniveau lockt auch viele Einheimische zur Einkehr. Patriotische Gedenktafeln am Uferfelsen erinnern an die Versenkung des deutschen Kriegsschiffs Antoinette 1944 durch griechische Partisanen. Wer vom nördlichen Ende der Mole 5 Minuten weitergeht, stößt auf einen idyllischen, in der Nachsaison auch bei FKK-Schwimmern beliebten Strand. Das Wrack eines Kutters dient hier als Wanderkarte.

Auf der Weiterfahrt Richtung **Kioni** sind rechts am Straßenrand mit griechischen Buchstaben Wanderwege zurück nach Frikes und hinauf nach Anogi ausgeschildert. Der Jachthafen Kioni ist vollständig als Fußgängerzone ausgewiesen. Vor allem bei schwedischen und britischen Seglern ist der Ort mit seinen bunten Häusern im ionisch-istrischen Stil beliebt. Zur gepflegten Einkehr empfiehlt sich die Hafenbar *Mentor*. Das etwas verfallene *Hamilton House* am Buchtende, 1892 von einer Engländerin erbaut, wirkt immer noch recht stattlich, auch wenn es seit Jahren zum Verkauf steht.

Für die Rückfahrt von Stavros auf die Südseite der Insel bietet sich die einsame Bergstraße an, die an der Ostflanke des verkarsteten Niritos entlangführt. Nach sieben Kilometern erreicht man in 520 m Höhe **Anogi**. Im 17. Jh. zogen die meisten seiner einst über 1000 Einwohner an die Küste, da die Zahl der Piratenüberfälle unter venezianischer Herrschaft geringer geworden war. Ein kurzer Spaziergang führt vom heutigen Ortskern hinauf zu den Ruinen des verlassenen Dorfteils. Heute leben noch etwa 100 Menschen im unteren Teil von Anogi, das nur einmal im Jahr zum **Venezianischen Karneval**, der nach dem orthodoxen Kirchenkalender gefeiert wird, zum Leben erwacht. Die Glockensegel der im byzantinischen Stil errichteten **Panagia-Kirche** sind in erdbebensicherer Distanz zum Gotteshaus aufgebaut. Das Freskenprogramm des 17. Jh. umfasst auch drei Martyriumsszenen (links direkt vor der Ikonostase): Die hl. Katharina wird auf das Rad geflochten, der hl. Demetrios mit Lanzen erstochen, und drei Jünglinge verbrennen in einem Feuerofen, der als ehernes Stiermonster dargestellt ist. Eindrucksvoll ist auch die ausgemergelte Wüstenheilige Maria Aegyptiaca (1. Bild an der rechten Wand).

TOP TIPP

Etwas weiter südlich passiert die Straße in extrem verkarstetem Gebiet ein archaisches Gehöft mit Ziegen, Schafen und Kühen, die in Felsgrotten Schutz vor der sengenden Hitze suchen. Auf der folgenden *Aussichtsterrasse* erwartet den Reisenden ein atemberaubendes Vathi-Panorama.

Auch vor dem einsam in 556 m Höhe gelegenen **Kloster Katharon**, das der Muttergottes geweiht ist, weiden Ziegen. Manchmal dringen sie sogar in den idyllischen Klosterhof ein, in dem am 8. September Ithaker aus aller Welt mit Ziegensuppe das wichtigste Kirchweihfest der Insel begehen. Die nach dem Erdbeben von 1953 wieder aufgebaute Kirche birgt eine wundertätige, angeblich vom Evangelisten Markus geschaffene Marienikone, die als *Acheiropit* (nicht von Menschenhand gemalt) gilt, da Engel ihm den Pinsel führten. Vor dem Bild der Maria als Leben spendendem Brunnen baumeln silberne Votivgaben. Die Hauptattraktion des Klosters ist der grandiose Adlerblick auf Vathi und die tief eingeschnittene Molos-Bucht, den man von der **Terrasse** des Glockenturms genießt. Dieser ragt außerhalb der Klostermauern auf.

TOP TIPP

i Praktische Hinweise

Hotels

/***Villa Spilia**, Stavros, Mobil 69 32 58 94 50, www.villaspilia.gr. In einem hübschen Haus mit blauen Fensterläden werden drei Meerblickapartments vermietet.

****Margarita Paxinou**, Lefki, Tel. 26 10 64 17 24. Diese von der Besitzerin persönlich geführte Pension vermietet Terrassenzimmer mit schöner Aussicht auf die Berge oder das Meer.

Bilderbuch-Idylle: der kleine Hafenort Frikes im Norden Ithakas

Auch wenn mancher Wissenschaftler bezweifelt, dass es Homer überhaupt gab: So könnte er ausgesehen haben

Andra moi ennepe, Mousa … Die Abenteuer des Odysseus

»Nenn mir, oh Muse, den Mann …« – so beginnt die **Odyssee**, entstanden wohl um 720, das nach der **Ilias**, die etwa 30 Jahre vorher niedergeschrieben wurde, älteste Werk der abendländischen Literatur. Zehn Jahre schiffte der Held der Erzählung, der listenreiche ›edle Dulder‹ Odysseus, nach der Zerstörung Trojas durch das Mittelmeer und begegnete *Lotusessern*, *Monstern* und schönen *Frauen*. Aus der Grotte des Kyklopen Polyphem entrann er nur durch seine sprichwörtliche List: Er machte den einäugigen Riesen mit griechischem Wein betrunken und konnte ihm so mit glühendem Pfahl das Auge ausbohren. Der Zauberin Kirke verfiel er ein ganzes Jahr, während seine Gefährten in Schweine verwandelt dahinvegetierten. Er stieg hinab in die Unterwelt, durchschiffte den Sund der **Meerungeheuer** Skylla und Charybdis und überlebte als einziger Sterblicher den Gesang der Sirenen, indem er sich an den Mastbaum binden ließ, während seine Gefährten mit wachsverstopften Ohren vorbeiruderten. Mit der **Nymphe** Kalypso vergnügte er sich in der Blauen Grotte. Nackt und schiffbrüchig an den Strand gespült, wurde er von der Phäakenprinzessin Nausikaa und ihrem Vater Alkinoos gastfreundlich aufgenommen und mit reichen Geschenken in seine Heimat Ithaka eskortiert.

Seine treue Gattin **Penelope** verbrachte diese 20 Jahre wartend und webend – und nachts das Gewobene wieder lösend. Hatte sie doch den lästigen Freiern von den Nachbarinseln, die in ihrem Palast zechten und prassten, versprochen, einen Mann zu wählen, wenn ihre Näharbeit beendet sei.

Dem heimgekehrten Odysseus verlieh Athena die Züge eines alten Bettlers. Trotz dieser Verkleidung erkannten ihn sein treuer Sauhirt **Eumaios**, sein sterbender Hund Argo und seine Amme Eurykleia. In seinem Palast wurde Odysseus zunächst von den Freiern verhöhnt, doch ist er der einzige, der die von Penelope gestellte Aufgabe meistert: Athenas Greisenzauber fällt von ihm ab, er spannt einen mächtigen Bogen (an dem die anderen Freier scheitern) und schießt den Pfeil durch die Löcher 12 aufgereihter Axtmesser. Mit Hilfe seines Sohnes **Telemachos** erschlug er die Freier und zog sich mit Penelope in das einst von ihm selbst gezimmerte Olivenholz-Ehebett zurück.

Hotel Nostos, Frikes, Tel. 26 74 03 16 44, außerhalb der Saison Tel. 26 74 03 14 76, www.hotelnostos-ithaki.gr. Das kleine Hotel am Ortsrand von Frikes bietet solide, frisch renovierte Zimmer und ist nur 200 m vom Meer entfernt.

Restaurants

Avra, Kioni, Tel. 26 74 03 14 53. Das Lokal bietet als Spezialitäten Zwiebelpastete, Spanferkel und Lamm am Spieß.

Polyphemus, Stavros, Tel. 26 74 03 17 94. Gartenrestaurant mit Innenbereich in einem restaurierten alten venezianischen Gebäude von 1923. Authentische griechische Küche mit einer Vielzahl von Mezedes, auch vegetarische Gerichte. Von Mai bis Okt. tgl. geöffnet. In der Hochsaison reservieren.

TOP TIPP **Mills**, Kioni, Tel. 26 74 03 17 89. Wunderschön direkt am Hafen gelegenes Lokal mit abwechslungsreicher griechischer Küche. Etwas teurer, dafür sehr delikate Zusammenstellung. Große Auswahl an Fisch und Meeresfrüchten.

Kefalonia - schwarze Tannen, goldzähnige Ziegen und türkisblaue Buchten

Kefalonia ist die landschaftlich eindrucksvollste Insel im Ionischen Meer: Eine Fahrt entlang der Ostküste des **Golfs von Argostoli** vermag mit ihren herrlichen Ausblicken auf die Steilküste der gegenüberliegenden Halbinsel Paliki jeden Reisenden zu verzaubern. Strahlend weiße Kieselstrände zwischen hoch aufragenden Klippen machen einen Badetag in der **Bucht von Mirtos** an der Nordküste zu einem Erlebnis für alle Sinne. Der hübsche Jachthafen von **Fiskardo** ist eines der beliebtesten Ziele durchs Mittelmeer schippernder Freizeitkapitäne, und auch die übrigen Fischerdörfer entlang der einsamen Küsten wie **Poros** oder **Sami** laden zum Verweilen ein.

Ganz unmittelbar können Wanderer die Bergwelt des 1628 m hohen **Enos** und die Pfade entlang grüner Canyons an der Ostküste erleben. Vollkommen wird das griechische Inselglück schließlich zwischen den pittoresk aufragenden Mauern der verfallenden venezianischen Burgen von **Asos** und **Agios Georgios** oder in der Bergeinsamkeit des Klosters Kipoureion.

30 Argostoli

Jung gebliebene Kulturstadt mit lässigem Hellenen-Schick.

Argostoli (12 600 Einw.) erstreckt sich entlang des Westufers eines tiefen Fjords. Mit seinen weißen, im ionischen Stil erbauten Häusern, der gepflegten Fußgängerzone und dem lebhaften Fähr- und Fischerhafen ist die Stadt der ideale Ausgangspunkt für die Erkundung Kefalonias. Dank der großen Auswahl an schicken Restaurants und Bars ist Argostoli auch bei der Athener Jugend ein beliebtes Sommerurlaubsziel.

Geschichte Die Säulen im minoischen Palast von Knossos bestanden aus dem Holz der *Abies Cephallonica*, der Schwarztanne vom Enos-Berg im Süden Kefalonias und belegen damit Handelsbeziehungen zwischen der ionischen Insel und Kreta schon im 16. Jh. v. Chr. Auch die **mykenischen Gräber** von Tzanata beweisen die Verbindung Kefalonias mit der übrigen griechischen Welt. In geschichtlicher Zeit sind vier Städte auf Hügeln am Meer nachgewiesen: Pales, Krane, Sami und Pronnaioi. Im **Peloponnesischen Krieg** (431–404) wurde die Insel von Athen besetzt. Ansonsten taten sich die Kefalonier als gefürchtete Piraten hervor. 189 v. Chr. mussten die **Römer** Sami vier Monate lang belagern – der einzige entschiedene Widerstand gegen das *Imperium Romanum* auf den Ionischen Inseln.

Ab 887 verwaltete das Byzantinische Reich die Ionischen Inseln von Kefalonia aus. Nach einem kurzen normannischen Zwischenspiel unter *Robert Guiscard* von 1081–1083 war es schließlich Wilhelm II. von Sizilien, der Kefalonia 1185 endgültig den Byzantinern entriss. Von 1194 bis 1357 herrschte das römische Adelshaus Orsini, das von der aus Benevent stammenden Familie Tocco abgelöst wurde. 1484 eroberten die Türken die Insel, die sie aber schon 1500 an Venedig verloren. Die Serenissima förderte Landwirtschaft und Seehandel, was dazu führte, dass die Bevölkerung bis 1655 auf 70 000 anwuchs – fast doppelt so viel wie heute!

1757 wurde die Residenz von San Giorgio ins neu gegründete Argostoli verlegt. Ab 1800 war Kefalonia Teil der **Republik der Sieben Inseln**, die zunächst unter

Fiskardo erfüllt mit glasklarem Wasser, feinen Restaurants, bunten Häusern und Booten alle Wünsche seiner Besucher

russischem, dann aber unter britischem Protektorat stand. Besonders die Gouverneure dieser Schutzmacht bauten die Infrastruktur der Insel aus. Nach Demonstrationen (1848, 1850) für die Einheit kam 1864 auch Kefalonia zu Griechenland.

Die einschneidensten Ereignisse der jüngeren Geschichte waren das **Wehrmachtsmassaker** von 1943 [s. S. 95] und das schwere Erdbeben von 1953, das 600 Menschenleben forderte.

Abendlicher Treffpunkt junger und alter Einwohner Argostolis ist die zentrale **Platia Valianou** 1. In den italienisch gestalteten Kaffeebars sitzt man bis lange nach Mitternacht bei eisgekühlten Frappees und Cocktails.

Die in einem nur wenige Schritte von der Platia entfernten Herrenhaus untergebrachte **Fokas Kosmetatos-Stiftung** 2 (P. Valianou 1, www.focas-cosmetatos.gr, Mo–Fr 10–14 Uhr, Ticket gilt auch für Ce-

Wer die oberen Stockwerke der Häuser von Argostoli bewohnt, genießt eine beneidenswert unverbaubare Sicht aufs Meer

phalonia Botanica) zeigt Inselveduten des britischen Limerick-Erfinders Edward Lear (1812–1888) und seines Landsmannes Joseph Cartwright (1789–1829). Die numismatische Sammlung präsentiert antike Münzprägungen der vier kefalonischen Stadtstaaten und die Geschichte der 2002 vom Euro abgelösten *Drachme*. Aus der Zeit der Hyperinflation während des Zweiten Weltkrieges stammt ein 1944 in Argostoli gedruckter 100 000 000-Drachmen-Schein.

Im kleinen Garten, in dem Albizzien, Magnolien und ein riesiger Oleanderbusch blühen, sind vergrößerte Fotografien von den Folgen der Erdbebenkatastrophe von 1953 und klassizistischer britischer Kolonialbauten ausgestellt.

In den drei Sälen des **Archäologischen Museums** 3 (zzt. geschl.) nur einige Meter weiter wird die antike Inselkultur dokumentiert. Zu den ältesten Stücken gehören die aus dem mykenischen Grab bei Tzanata geborgenen vergoldeten Stierhörner und eine goldene Miniatur-Doppelaxt (Zeussymbol) (Vtr. 11). Jünge-ren Datums sind die drei auf einer Pinax-Tafel abgebildeten tanzenden Nymphen, daneben ist in Vitrine 15 eine hellenistische Sitzstatuette des lüsternen Hirtengottes Pan mit Weinkelch und Füllhorn zu sehen.

Gegenüber des Museums erhebt sich das **Kefalos-Theater** 4. Hier finden vornehmlich im Winter Theater- und Ballettaufführungen statt. 1994 wurde es als Ersatz für das 1859 mit *La Traviata* eröffnete und 1943 bei einem deutschen Brandbombenangriff zerstörte Opernhaus errichtet.

Das **Korgialenios Geschichts- und Folklore-Museum** 5 (Mo–Sa 9–14 Uhr) in der Nähe des Theaters vermag mit seiner abwechslungsreichen Sammlung auch Kinder zu fesseln. Prunkstück einer Vitrine voller kunstvoller Spitzen ist eine maltesische Frauenkrawatte. Eine eigene Ecke ist Lord Byrons Inselaufenthalt gewidmet. Fotos und naive Gemälde rufen das Kefalonia der Zeit vor dem Erdbeben von 1953 in Erinnerung. Aus welch rustikalen Werkstoffen die Inselbewohner einst ihre Musikinstrumente bastelten, verdeutlicht ein aus Schafleder gearbeiteter Dudelsack mit Ochsenhornschalltrichter und Schafsknochenpfeife.

Die Valianou-Straße mündet in die wie frisch poliert wirkenden Steinplatten der Fußgängerzone *Lithostroto* (›Pflaster‹), die von schicken Cafés, Konditoreien, Modeboutiquen und Juwelieren gesäumt wird. Dazwischen versuchen Andenkenshops

Am Lithostroto, der Flaniermeile Argostolis, reihen sich Geschäfte und Andenkenläden

hellenische Filzpantoffeln mit Bommeln und aufblasbare Schildkröten unters Volk zu bringen. Es lohnt, einen Blick in die Vorhalle der Kirche **Agios Spyridon** 6 am Lithostroto zu werfen – in das Fresko an der Wand ist ein modern gekleidetes Paar in eine Anbetungsszene im byzantinischen Ikonenstil eingefügt.

In der katholischen Kirche **St. Nicolaus** 7 wurde 1962 ein Relief mit der Stigmatisierung des hl. Franziskus zum Gedenken an das von deutschen Truppen verübte Massaker an der italienischen *Divisione Acqui* [s. S. 95] im Jahr 1943 eingeweiht. Der Pfarrer betreut auch den kleinen Gedenkraum *Mediterraneo Exhibition* neben der Kirche, wo Fotos und deutschsprachige Broschüren an das brutale Ereignis erinnern.

Vom **Glockenturms** 8 aus spaziert man bequem hinunter zum am Wasser gelegenen **Markt** 9 mit seinen bis spät in die Nacht geöffneten Obst- und Gemüseständen. Zwischen den Bäckereien, Kaffeeröstereien und Schlachtereien in der Gegend rund um den Markt herrscht levantinische Betriebsamkeit.

Kein Argostoli-Besuch ist vollständig ohne einen Bummel über die mit schwarzen und weißen Kieseln gepflasterte Hafenpromenade zur dammartigen **Drapano-Brücke** 10, die den Fjord von Argostoli überspannt. Sie wurde 1813 zunächst mit Holz und später aus Stein gebaut. Seit sie für Autos gesperrt wurde, trauen sich frühmorgens auch wieder Karettschildkröten heran, um sich von Fischern füttern lassen. Abends trifft man auf Freizeitangler, die mit *Kamakis* (Dreizackstecken) auf Polypen pirschen.

Abends fahren die Einheimischen gern zur bewaldeten Nordspitze der Halbinsel von Argostoli hinaus. Jahrhundertelang wurde hier das Naturwunder der **Katavothres** 11 (›Schlünde‹) bestaunt – Wasser wurde durch Höhlen in den Uferfelsen so heftig eingesogen, dass man damit Mühlräder betreiben konnte. Ausgelöst wurde dieses Phänomen durch ein Tunnelsystem, das unter Kefalonia hin-

Noch bis zum verheerenden Erdbeben von 1953 wurde dieses Mühlrad von den Gezeitenströmen unter Kefalonia in Gang gehalten

durch auf die andere Seite der Insel führte und durch welches sich das Meerwasser hin- und herbewegte. Doch seit dem Erdbeben ist der Effekt abgeklungen.

Noch heute sieht man vor der Katavothres-Bar (Tel. 26 71 02 22 21) die rostenden Räder und die ummauerten Schlünde, doch längst fahren junge Hellenen aus anderen Motiven vor: Der Restaurant-Nightclub gilt als einer der mondänsten Szene-Treffpunkte der Ionischen Inseln und bietet einen privilegiertem Blick auf den Leuchtturm **Agii Theodori** 12 (auch *Napier's Lighthouse*). Der Zweckbau wurde 1829 als dorischer Monopteros von Charles Napier an der Spitze der Landzunge errichtet.

Etwas weiter zweigt eine Serpentinenroute von der Uferstraße auf den Monte Telegrafo zu einem Graben ab, an dem 136 italienische Offiziere der *Divisione Acqui* 1943 von der Wehrmacht erschossen wurden. Ein militärisches Ehrenmal erinnert an ihr Schicksal.

Besonders im Frühjahr, wenn die Pflanzenwelt der Insel in voller Blüte steht, lohnt der Besuch von **Cephalonia Botanica** 13 (Mai–Okt. Mo–Sa 9–13 Uhr) am südlichen Ortsrand Richtung Lasi. Dieser Pflanzenpark wird mit viel Engagement von der Fokas-Kosmetatos-Stiftung gepflegt. Ein weiterer Ausflug führt zu den imposanten Mauerresten des antiken **Krane**. Dessen ›Kyklopenmauern‹ (5./4. Jh. v. Chr.), die einst 5 km lang waren, liegen landeinwärts oberhalb des Südendes des Fjords von Argostoli.

Charles Napier verhalf der Stadt Argostoli mit diesem Leuchtturm zu ihrem Wahrzeichen

Praktische Hinweise

Information

EOT Tourist Office, Provlita Teloniou, am Hafen, Tel. 26 71 02 22 48

Polizei Argostoli, Metaxa, Tel. 26 71 02 22 00

Hotelvereinigung Kefalonia/Ithaka, Tel. 26 71 02 53 81, www.kefalonia-ithaca-hotels.gr

Hafenamt Kefalonia, Tel. 26 71 02 22 24

Kefalonia Island International Airport, Tel. 26 71 02 99 00

Hotels

*****Ionian Plaza**, Platia Valianou, Argostoli, Tel. 26 71 02 55 81, www.ionianplaza.com. Erschwingliche Zimmer in klassizistischem Bau mit Stil, Komfort und privilegiertem Blick auf das Treiben der Platia. Guter Service.

***Chara**, Devosetou/Vergoti, Argostoli, Tel. 26 71 02 24 27. Spartanische Zimmer mit Gemeinschaftsduschen beim Busbahnhof.

Restaurants

Ampelaki, Metaxa 19, Argostoli, Tel. 26 71 08 43 16, www.ampelaki.gr. Preisgünstige, gute und abwechslungsreiche griechische Küche.

Captain's Table, Argostoli, am Hafen, Tel. 26 71 02 71 70, www.captainstable-restaurant.com. Angesichts des Namens versteht es sich, dass hier besonders gute Fischgerichte serviert werden. Auch die Fleischpastete, ein typisch kefalonisches Gericht, ist nicht zu verachten.

Casa Grec, Metaxa 12, Argostoli, Tel. 26 71 02 40 91. Hervorragende Küche in freundlicher Umgebung, die Preise sind gehoben.

Tzivras, Argostoli, am Markt, Tel. 26 71 02 42 59. Wunderbar authentisches Markt-Estiatorion, in dem die Einheimischen ihre Mittagsschüsseln abholen. Ausgewählt wird nach Topfguckerprinzip.

Abschied von Lixouri: Nach einem Tag auf der Halbinsel Pali gleitet der Blick von der Fähre zurück auf die ins warme Licht der untergehenden Sonne getauchte Hafenstadt

31 Lixouri und die Halbinsel Paliki

Ein Hafenstädtchen mit Vergangenheit, fast verlassene Bauerndörfer und Strände für Individualisten.

Der äußerste Westzipfel Kefalonias, die Paliki-Halbinsel, ist auf ihrer Ostseite von relativ sanften Hügeln geprägt und steigt nach Westen hin auf bis zu 434 m an. Entsprechend steil fällt die Küste dort auch zum Meer hin ab. Olivenbaumpflanzungen wechseln sich mit verkarsteter Landschaft ab. Die touristisch bisher kaum erschlossene Region erreicht man am leichtesten mit der Autofähre Argostoli-Lixouri, die stündlich fast bis Mitternacht verkehrt.

Das Hafenstädtchen **Lixouri**, das die Einfahrt in den ausgedehnten Golf von Argostoli kontrolliert, wurde bereits 1542 in venezianischen Dokumenten als städtischer Korinthenumschlagplatz erwähnt. Damit ist Lixouri etwa 200 Jahre älter als die große Schwester Argostoli, die von den Lixourioten gerne als neureicher Emporkömmling verspottet wird.

An der zum Meer offenen **Platia** laden elegante Konditoreien zur Einkehr; weitere nette Restaurants, die allerdings oft erst abends öffnen, reihen sich an der Uferpromenade. Manchmal zupfen *Arieta*-Sänger die Gitarre, oder das Orchester der 1836 gegründeten Philharmonischen Schule gibt ein Freiluftständchen. In der Südecke des Platzes lässt der kurze Treppenweg Panagia Basiou das historische Flair Alt-Lixouris erahnen.

Der bildungsbürgerliche Anspruch Lixouris wird in der wenige Straßen hinter der Platia landeinwärts versteckten **Villa Iakovatos** (Di–Fr 9.30–13, Sa 9.30–12.30 Uhr) manifest. Das im 19. Jh. errichtete Patrizierdomizil hinter hohen Gartenmauern bewahrt eine wertvolle Bibliothek mit über 20 000 Bänden, darunter Bibeln und Drucke des 16. Jh., auf. Prunkstück der Sammlung ist ein fünfsprachiges Psalmenbuch auf Hebräisch, Griechisch, Lateinisch, Arabisch und Chaldäisch. Sehenswert sind auch die kostbaren Deckengemälde.

Etwas abenteuerlich ist eine Expedition ins Innere der Halbinsel, tragen die Straßenschilder doch meist nur griechische Beschriftung – oder fehlen ganz.

Ganz im Süden erreicht man die knappen rötlichen Sandstrände **Xi** und **Megas Lakos** (›Großes Loch‹). Der **Schaukelfelsen** von Kounopetra beim Akrotiri-Kap muss in der Antike eine echte Sensation gewesen sein, da er in zahlreichen Reiseberichten Erwähnung findet. Die Bewegung ist heute nicht mehr sichtbar, steckt man jedoch ein Holzstück zwischen den Stein und seine Auflage, so fällt er entweder aus der Lücke – oder wird vom Druck des Steines zermalmt.

Nun beginnt die Fahrt ins Bergland der Halbinsel. Die leider fast immer versperrte Apostelkirche von **Havdata** verbirgt eine prunkvolle vergoldete Schnitz-Ikonostase. Südlich des Ortes zweigt eine Straße westwärts in Richtung der spektakulären Steilküste zu zwei Klöstern ab. Vom **Tafionkloster** blieb nur ein Torbogen mit geometrischen Steinteppichmustern erhalten. Mehr zu bieten hat da schon das Kloster **Kipoureion**, das wie ein Adlerhorst an den 90 m hohen Fels über dem Meer geschmiegt ist – ein grandioser Platz, um Kirchenfeste zu feiern. Etwa 1,5 km weiter nördlich gewährt ein Aussichtspunkt einen Blick auf den Strand von **Platia Amos**, der nur per Boot anzusteuern oder mühevoll über einen steilen Fußweg vom Ende der Straße aus zu erreichen ist.

Kaminarata unterhalb des Mandoukata-Massivs ermöglicht als höchstgelegenes Dorf der Paliki-Halbinsel ein ganz besonderes Inselpanorama. Doch überall künden brach liegende Felder und verfallende Windmühlen von der Abwanderung der Bauern aus der einstigen Korn- und Flachskammer Kefalonias.

Über Rifi und Agia Thekli erreicht man die blitzsaubere, 2 km lange **Bucht von Petani**, die von Felsklippen eingegrenzt wird. Im äußersten Norden der Halbinsel lockt dann der windgeschützte Strand **Atheras**, umgeben von hohen Kaps.

Bei der Rückfahrt Richtung Lixouri entlang des Golfs von Argostoli sind mit etwas Glück Reiher zu beobachten: In der Schwemmlandebene von Livadi rasten die Zugvögel auf ihrem Weg nach Afrika.

i Praktische Hinweise

Hotel

Cephalonia Palace Hotel, Xi Beach, Tel. 26 71 09 31 12, www.cephaloniapalace.com.gr. Weitläufige moderne Komfort-Anlage mit großem Sportangebot.

Restaurants

Mavroidis, Lixouri, Tel. 26 71 09 12 46, www.mavroidis.gr. Die Riesenauswahl des 1918 gegründeten *Sacharoplastion* reicht von feuerroten Krachmandeln bis zu sizilianischen Marzipanfrüchten, von Sacherschnittchen bis zu französischer Charlotte.

Antonello's at Xi, Lixouri, Tel. 26 71 09 13 00. Schliches Lokal, besonders das leckere Souflaki ist bei den Gästen sehr beliebt.

32 Fiskardo und die Halbinsel Erissos

Landgang für Segelcrews und Ziegenherden im Karst.

Die Fahrt entlang der Ostküste der Bucht von Argostoli gehört in ihrer kargen Einsamkeit und dank der atemberaubenden Küstenblicke zu den großen Landschaftserlebnissen Kefalonias. Auf den ersten Kilometern nordwärts passiert man Fischzuchtbecken und sieht an der Spitze des gegenüber liegenden Ufers das weiße *Napier's Lighthouse* vor großartiger Meereskulisse aufblitzen.

Im Straßendorf **Angonas** sind an einer Betonmauer noch verblassende naive Wandmalereien zu erkennen. Von hier bietet sich ein schöner Blick zurück auf die Strände der Halbinsel von Paliki. Doch schon nach wenigen Kurven wird diese Aussicht noch einmal übertroffen. Tief unter der Höhenstraße erstrecken sich, umrahmt von weißen, hoch aufragenden Felsen, die glitzernd azurblauen Wasser der **Bucht von Mirtos**. Von Divarata führt eine Stichstraße zu ihr hinab. Die Straße zur Bucht ist immer wieder wegen Erdbebenschäden und Erdrutschen für Reparaturen gesperrt. Hier sollte man nicht zu weit hinausschwimmen, denn es gibt gefährliche Strömungen.

TOP TIPP

Wie gut, dass die Felswände der Bucht von Mirtos zu steil für Hotelbauten sind!

Einst flüchteten die Einwohner des Fischerdorfes Asos vor angreifenden Piraten und anderen Feinden in die Burg auf dem Gipfel der Halbinsel über ihrer Ortschaft

Etwa 6 km weiter nördlich zweigt eine weitere Stichstraße zu dem auf einer winzigen Landbrücke gelegenen, pittoresken Fischerdorf **Asos** ab, das aus einer Handvoll zusammengedrängter, in kräftigen Farben angestrichenen Häuser besteht. Ein Gedenkstein an einer Mauer der Hafenplatia erinnert daran, dass der Ort 1954 mit Spenden aus Paris wiederaufgebaut wurde. In seinen nicht ganz billigen Tavernen tummeln sich abends die Besatzungen der hier ankernden Jachten.

Westlich von Asos erhebt sich auf einer teils bewaldeten Halbinsel ein imposantes venezianisches **Kastell** (1593–95), das einst über 200 Häuser, Kirchen und ein Gefängnis umfasste, heute aber einem Ruinenwanderpark gleicht.

Die **Erissos** genannte Nordspitze Kefalonias eignet sich besonders für einen individuellen Badeaufenthalt. Ein Vergnügen, das man mit den Mönchsrobben teilt, von denen – wenn überhaupt – nur noch wenige hundert Exemplare im Mittelmeer leben und die hier angeblich vorkommen.

Von *Manganos* führen schmale Stichstraßen hinunter zum Naturstrand von *Agios Ierusalim* und zu dem verträumten Felsenbad von *Alaties* (gute Fischtaverne, Tel. 6977584781). Von Antipata kann man hinunterwandern zum unerschlossenen *Dafnoudi-Beach*.

Mit seinen gewagt zitronengelb und orange gestrichenen Häusern gilt TOP TIPP **Fiskardo** als schickster Jachthafen der Insel – die Kais werden abends zur Shopping-, Ess- und Barmeile, an der sonnengebräunte Inselhopper ihre Drinks und den Blick auf Ithaka genießen. Lohnenswert ist ein Besuch des ansässigen **Heimatmuseums**. Die Ausstellung zeigt eine große Anzahl von historischen Gebrauchsgegenständen und Werkzeugen, die das harte Leben auf der früher sehr isolierten Insel ausgesprochen eindrucksvoll dokumentieren. Darunter zahlreiche handbetriebene Maschinen, wurde Fiskardo doch erst 1974 an das Stromnetz angeschlossen!

Ein Spaziergang entlang der Nordseite der Bucht führt zu den Ruinen eines Leuchtturms und einer *normannischen Kirche* (11. Jh.). Wurde hier 1085 die Totenmesse für den 70-jährigen Haudegen Robert Guiscard gelesen, der Korfu und Kefalonia von den Byzantinern eroberte? Der ›Schlaukopf‹ genannte Fürst von Apulien, Kalabrien, Sizilien und Salerno, Rom-Eroberer und Konstantinopel-Angreifer starb 1085 in dem Hafen, der heute Fiskardo heißt – also Guiscard griechisch ausgesprochen.

Pastorale Inseleinsamkeit erlebt, wer für die Rückfahrt nach Argostoli die östliche Erissos-Route von Vasilikiades über Neochori nach Agia Efimia wählt. Im verkarsteten Hochland unterhalb des 901 m hohen ›Schönen Bergs‹ **Kalo Oros** bieten sich herrliche Ausblicke auf die unberührte Westflanke Ithakas und die Insel Atokos. Immer wieder muss man damit rechnen, dass schwungvoll gehörnte Ziegen (die Aristoteles wegen ihrer Ginsterblütennahrung als goldzähnig beschrieb) auf die Straße springen.

In einer Bucht am Ostende der sog. Pylarosebene umschließt der bei Seglern beliebte Ferienort **Agia Efimia** ein fast quadratisches Hafenbecken. Hier wurden vor künstlich aufgebauten Vorerdbebenkulissen die meisten Szenen des Spielfilms ›Corellis Mandoline‹ gedreht, das gleichnamige *Hafencafé* (Tel. 26 74 06 16 68) wirbt mit vergrößerten Fotos der Hauptdarsteller Penelope Cruz und Nicholas Cage.

i Praktische Hinweise

Hotels

/* **Hotel Gonatas**, Agia Efimia, Tel. 26 74 06 15 00. Schmuckes altmodisches Küstenhotel am Ortsrand. Pool, Garten und Hausstrand.

** **Janet Art Pension**, Fiskardo, Tel. 26 74 04 10 36 und 21 08 05 39 06. *A Rhapsody in blue* ... Entzückendes weißes Gartenhaus mit blau gestrichenen Steinen, Keramik und sechs traditionellen Zimmern mit Ventilator. Früh buchen!

** **Pension Gerania**, Asos, Tel. 26 74 05 15 26 und 21 04 11 19 58, www.pensiongerania.gr. Im Garten blühen mehr Bougainvilleas als Geranien, aber die Qualität stimmt.

** **To Archontiko**, Fiskardo, Tel. 26 74 04 13 42, www.archontiko-fiskardo.gr. Im rosa Hafenpalast mit blauen Fenstern werden Gästezimmer vermietet.

* **Anatoli**, Fiskardo, Tel. 26 74 04 12 04. Die von Bäckerin Sotirias Tselenti vermieteten *domatia* sind bei griechischen Gästen begehrt.

Restaurants

Dendrinos Restaurant – Paradise Beach, Agia Efimia, Tel. 26 74 06 13 92. Kleines Fischlokal am Ortsende, in dem auch griechische Prominenz einkehrt.

O Makis, Vasilikades (Enosi), Tel. 26 74 05 15 56. Blitzsaubere Familientaverne mit Garten, in der Bauerngerichte wie *Patsas kokkinisto* (Kutteln in roter Sauce) zubereitet werden. Der Wirt vermietet auch Zimmer.

Tassia, Fiskardo, Tel. 26 74 04 12 05, www.tassia.gr. Seit 30 Jahren Hummer am Hafen.

TOP TIPP **To Pefko**, Antipata, Tel. 26 74 04 13 60. Die Bilderbuch-Ladentaverne serviert an einer Straßenkreuzung kurz vor Fiskardo vor einem rot gestrichenen Häuschen feinste griechische Traditionskost: Zucchinipuffer mit frischen Kräutern, *Spetsofai* (Bauernwurst mit rotem Gemüse) oder *Garidopites* (Krabbenpasteten).

33 Von Sami nach Poros

Zwei Fährhäfen und eine imposante Gebirgslandschaft.

Sami, tagsüber ein unscheinbarer Fährort mit Verbindungen nach Piso Aetos auf Ithaka und Kyllini am Festland, blüht in den Abendstunden auf, wenn die Hafenpromenade für den Autoverkehr gesperrt und zur Fußgängermeile wird. In der Antike war Sami einer der vier Stadtstaaten auf Kefalonia. Erwähnung fand es aber erst im Jahr 189 v. Chr., als es von den Römern eingenommen wurde. Archäologisch Interessierte können auf dem zugewachsenen, als Kastro ausgeschilderten Akropolishügel über dem modernen Fährhafen die Reste der alten Stadtmauer erforschen.

Ein magisches Erlebnis ermöglicht die **Melissani-Grotte** (tgl. 9 Uhr bis zur Dämmerung) am Westrand der Bucht von Sami. Ein Gondoliere rudert durch die eingebrochene Karstdoline mit lapislazuliblauen und malachitgrünen Lichteffekten, in der sich ein antikes Pan-Heiligtum befand. Hier tritt übrigens das an den Katavothres bei Argostoli angesaugte Meerwasser wieder an die Oberfläche.

Ein Touristenmagnet sind auch die etwa 8 km südlich von Sami gelegenen **Drongarati-Höhlen** (tgl. 9–18 Uhr). Sie entstanden ebenfalls durch Karst-Auswaschungen vor gut 2 Mio. Jahren, doch öffnete sich der heutige Eingang erst vor ca. 300 Jahren nach einem Erdbeben. Unter den illuminierten Stalaktiten der imposanten Grotte werden manchmal Konzerte gegeben.

Als bester Strand gilt die über eine 5 km lange Piste von Sami aus zu erreichende **Bucht von Antisamos** mit ihrem

Eine Bootsfahrt durch die Grotte von Melissani, in die das Tageslicht dank der eingebrochenen Decke immer neue Farbspiele zaubert, ist ein erhebendes Erlebnis

glasklaren Wasser, deren einziger Schönheitsfehler die von unschönen Stacheldrahtzäunen begrenzten, kostenpflichtigen Parkplätze direkt am Strand sind.

Besonders abwechslungsreich ist die Nordflanke des **Enos-Gebirges**. Tief eingeschnittene Canyons und zypressenbestandene Täler wechseln sich hier ab. In Koulourata bietet das Gestüt **Bavarian Horse Riding Stables** (s.u.) Ausritte in diese herrliche Landschaft. Das Denkmal am Rand der Straße zwischen Sami und Koulourata mit Porträts und Reliefs erinnert übrigens an die *Ethniki Antistasis*, den Volksaufstand gegen die italienisch-deutsche Besatzung.

Weiter geht die Fahrt gen Süden zu den dicht beisammen liegenden Dörfern *Digaleto*, *Harakti* und *Tsakarisianos*, dessen Campanile einem Minarett gleicht. Von hier führen Straßen und Wanderwege hinauf zu den Höhen des Enos.

In Agios Nikolaos zweigt eine kurze Gussbetonpiste nach links ab zum winzigen **Avithos-See**. In dem tiefblauen schilfumgürteten Nass spiegeln sich Zypressen und die kargen Kalkgipfel des 1078 m hohen Kastri. Da mit Hilfe der den See speisenden Quelle die ganze Umgebung bewässert wird, hielt man ihn einst für unergründlich. Zum Schutz seiner Uferzone wurde er eingezäunt.

An der Straße von Tzanata nach Poros weist ein unscheinbarer Wegweiser zu einem erst in den 1990er-Jahren entdeckten **mykenischen Grab** (tgl. geöffnet). Der kurze Fußweg von der Abzweigung führt durch bukolische Landschaft, vorbei an Erdbeerbäumen, Steineichen und verwilderten Pistazien. Die gewaltige 4 m hohe Kuppel der Grabkammer (ca. 1350 v.Chr.) ist eingebrochen – die Funde, darunter eine winzige goldene Doppelaxt, werden im Archäologischen Museum [s.S. 87] von Argostoli ausgestellt.

Die Straße führt weiter nach **Poros**. Dessen Fährhafen wird durch Klippen, zwischen denen die originelle Felsen-Bar *Remetzo* Tische aufgestellt hat, vom eigentlichen Ortskern getrennt. Verbindungen bestehen nach Kyllini auf dem Peloponnes und Zakynthos-Stadt.

Der Strand des beschaulichen Badeorts wird nach Norden hin einsamer, noch schönere Buchten wie *Limenia* und *Kako Langadi* finden sich an der Küstenstraße in Richtung Süden.

i Praktische Hinweise

Sport

Bavarian Horse Riding Stables, Koulourata, etwa 5 km nördl. von Sami, Tel. 6977533203, www.kephalonia.com. Ausritte auf trittsicheren Haflinger-Pferden ins Enos-Gebirge und entlang der Küste.

Hotels

*/**Hotel Melissani**, Sami, Tel. 26 74 02 24 64, www.melissanihotel.gr. Das kleinbürgerlich eingerichtete Haus ist auf die Bedürfnisse von 1-Nacht-Fährengästen eingestellt.

Staggia Studio, Sami, Tel. 26 74 02 27 06. Geräumige Apartments mit Balkon und idyllischem Garten. Frühstück inklusive.

Restaurants

Mermaid, Sami, Tel. 26 74 02 22 02. Sympathischer Familienbetrieb am Hafen mit Spezialitäten wie Fischpastete, Eintöpfe und Auberginensalat.

Romantza, Poros, Tel. 22 98 02 46 80. Das malerische Fischlokal liegt genau über einer zweiten Taverne auf einem Felssporn über dem Strand.

Taka Taka Mam, Sami, Tel. 26 74 02 28 16. Die Psistaria im Zentrum der Uferpromenade grillt saftige Rindersteaks.

Taverna Karavomylos, Sami-Karavomylos, Tel. 26 74 02 22 16. Ausflugsgaststätte mit Wassermühle und Ententeich.

34 Die Südküste von Skala bis Lourdata

Strandfreuden und die reichen Villendörfer des Livathos.

Der gepflegte Badeort **Skala** mit seinem weiten, von Pinienbäumen gesäumten Sandstrand wird besonders von Engländern gern besucht. Das Hinterland mit seinen teils bewaldeten Hügeln zu erwandern kann eine willkommene Abwechslung zum alltäglichen Sonnenbad sein. Wenige Meter oberhalb des Strands von Skala sind Bodenmosaike (2. Jh. n. Chr.) einer **römischen Villa** (tgl. geöffnet) frei gelegt worden. Das mit ZOGRAPHOS (Maler) KRATEROS signierte Werk zeigt den Jüngling Phtonos (Personifikation des Neides), der von Löwe, Panther, Tiger und Leopard – Symbolen für seine wilden Leidenschaften – angefallen wird. In der anderen Szene stehen zwei Opferdiener vor einem Altar, unter dem Eber, Stier und Lamm als Opfertiere ausgelegt sind.

Um das Mounta-Vorgebirge, die südlichste Region Kefalonias, reihen sich natur-

Das Schicksal der Divisione Acqui

Wie schon in all den Jahrhunderten zuvor waren die Ionischen Inseln auch während des Zweiten Weltkrieges Spielbälle der Mächtigen. Doch was sich damals auf Kefalonia zutrug, war in der Geschichte der Insel beispiellos. Ab 1941 wurden die Ionischen Inseln mit deutscher Unterstützung von Italien besetzt. Als nach dem Sturz Mussolinis Marschall Pietro Badoglio im September 1943 mit den Alliierten einen **Waffenstillstand** schloss, reagierte Hitlerdeutschland darauf mit der Besetzung Nord- und Mittelitaliens. Auf Kefalonia befanden sich zu diesem Zeitpunkt etwa 12 000 italienische Soldaten der Divisione Acqui unter dem Kommando General Antonio Gandins. Nach der Bekanntgabe des Waffenstillstands versuchte er zunächst, mit der deutschen Seite die Kapitulation seiner Einheit zu vereinbaren. Angesichts der Eroberung Italiens durch Deutschland meuterten einige Offiziere gegen dieses Vorhaben – und in einer Abstimmung unter den Soldaten sprachen sich 90 % für den Kampf gegen die Deutschen aus. Nach anfänglichen Erfolgen der Italiener wurde ihr Widerstand durch den massiven Einsatz der deutschen Luftwaffe rasch gebrochen. Am 22. September ergab sich General Gandin. Schon einen Tag zuvor hatte Hitler den Befehl erteilt, **keine Gefangenen** auf Kefalonia zu machen – eine Anordnung, die der Befehlshaber der 1. Gebirgsjägerdivision General Hubert Lanz auf das Grausamste umsetzte: Etwa 5000 italienische Soldaten wurden exekutiert, bei den Kampfhandlungen zuvor waren bereits 1300 Italiener gefallen. An dieses juristisch kaum aufgearbeitete Kriegsverbrechen erinnert die *Mediterraneo Exhibition* in Argostoli [s. S. 88] und das Gefallenendenkmal über dem Kap Agii Theodori [s. S. 89]. Der britische Autor Louis de Bernières widmete den damaligen Ereignissen den 1994 erschienenen Bestseller ›Corellis Mandoline‹, die anrührende Liebesgeschichte zwischen der Kefalonierin Pelagia und dem italienischen Soldaten Corelli, die 2001 auch von dem Briten John Madden verfilmt wurde.

belassene Strände. Doch trotz ihrer Schönheit sollte man insbesondere den Strand von Kaminia meiden, da er ein wichtiges Nistgebiet von Meeresschildkröten ist. Weniger wegen des dunkelsandigen Badeplatzes als wegen seiner Fischtavernen, die den Tagesfang kunstvoll in Vitrinen arrangieren, zieht es Einheimische nach **Kato Katelios**.

Alternativ geht es auf Serpentinen hinauf nach **Markopoulo**. In der gelb gestrichenen Panagia-Kirche unterhalb der Hauptstraße des lang gestreckten Dorfs feiern die Einheimischen jeden 15. August ein *Schlangenfest*, das zu den interessantesten Kulthandlungen des Mittelmeers zählt.

Eingebettet in die Olivenhaine und Weinberge, jedoch schon recht nah am Meer und über eine halsbrecherisch steile Straße zu erreichen, liegt **Lourdata**. Über dem Ort verstecken sich hinter Bäumen zahlreiche Küstenvillen mit prachtvollem Zakynthos-Blick. Den langen Strand von Lourdata säumen einfache Tavernen.

Die Schlangen der Maria

Schwarze Schlangen winden sich um silberne Weihrauchpfannen und golden schimmernde Bilder, wenn am 15. August in Markopoulo das Fest **›Mariä Entschlafung‹** gefeiert wird. Begünstigt wird das Wunder der Invasion der Mariennattern, die angeblich von selbst auf die Kirche Panagia Langouvarda zukriechen, dadurch, dass die harmlosen Katzennattern sich im August paaren und dann leicht einzufangen sind. Ganzjährig erinnert im Kirchenschiff eine moderne Kuss-Ikone der Maria mit ihren Nattern, die ein Kreuzmal auf dem Köpfchen tragen, an den Schlangenkult.

Eine **Legende** versucht den Ursprung des Brauchs in relativ moderne Zeiten zu verlegen: Als die Türken die Insel stürmten, baten die Vergewaltigung fürchtenden Nonnen die Muttergottes um Hilfe, woraufhin diese sie in Schlangen verwandelte.

Doch wurzeln solche Schlangenkulte tief in heidnischer **Vergangenheit** und Naturverehrung. So war auch das *Erechtheion* auf der Akropolis in Athen einem Schlangengott geweiht. Die Schlange galt als heiliges Tier, weil sie Zugang zum Erdinneren, zum Schoß der Mutter Erde hat.

Wer nicht zum Fest nach Markopoulo kommen kann, kann es virtuell erleben: Die Kirchenkustodin verkauft DVDs.

Praktische Hinweise

Fährverbindungen

Von Lourdata zweigt eine Straße zum bescheidenen Fährhafen Pesada mit regelmäßigen Fährverbindungen nach Agios Nikolaos auf Zakynthos ab.

Hotel

TOP TIPP **Stella Vineyard**, Lourdata, Tel. 26 71 03 15 82, www.stellavineyard.gr. Das kanadisch-griechische Ehepaar Miliaressis hat sein Landhaus zu einer der charmantesten Herbergen der Insel ausgebaut. Vom Balkon blickt man auf hauseigene Reben. Privattreppe zu wildem Naturstrand.

Restaurants

Medousa, Katelios, Tel. 26 71 08 10 93. Beliebte *Psarotaverna*, in der nach Gewicht abgerechnet wird: Besonders gut munden die frittierten Rotbarben (*Barbounia*).

Stavento, Skala, Tel. 26 71 08 36 20. In der lässigen Uferbar im *tropical look* kehrt man wegen des Ambientes, nicht der italienischen Pasta wegen ein.

Sauber und gepflegt – die Strände rund um den Badeort Skala

Umgeben von Weinbergen und mit eigenem Strand residieren Gäste im Stella Vineyard

35 Peratata

Ein sehenswertes Klostermuseum und die ehemalige Inselhauptstadt inmitten grüner Hügel.

Peratata ist eines von etwa 25 Dörfern inmitten des fruchtbaren **Hügellands von Livathos** im Süden und Südwesten des Enosgebirges. In dieser Gegend wohnen nach Argostoli die meisten Kefalonier, hier haben sich viele gut betuchte Athener ihre Urlaubsvillen gebaut.

Das sehenswerte Nonnenkloster **Agios Andreas Milapidias** in der Nähe von Peratata verdankte seinen Wohlstand den Schenkungen einer Prinzessin Roxane aus dem Balkanraum, die sich 1639 hierher zurückzog. Sie brachte auch die *Fußreliquie* des Apostels Andreas vom Athos mit, die heute in der modernen Klosterkirche aufbewahrt wird.

TOP TIPP Die wertvollsten Klosterschätze werden in **Agios Andreas Milapidias Museum** (Mo–Sa 8–14 Uhr, Tel. 2671069700) auf dem Klostergelände gezeigt. Auf zwei Stockwerken sind goldene Schnitz-Ikonostasen im kretischen Stil mit eingelassenen Bildchen der zwölf wichtigsten christologischen Kirchenfeste (*Dodekaorton*), Einzelikonen und liturgisches Gerät ausgestellt. Im *Klerikalen Salon* hängen Patriarchengemälde. Das Personal öffnet auch die in das Museum integrierte alte Klosterkirche, deren älteste Fresken aus dem 13. Jh. stammen.

Von der Terrasse des Nonnenklosters bietet sich ein schöner Blick auf die nahe Festung **Agios Georgios**. Erste Bastionen dieser 320 m hoch gelegenen Burg wurden schon im 12. Jh. von den Byzantinern errichtet. Ab 1500 bauten die Venezianer, die die Insel mittlerweile beherrschten, die Burg erheblich aus. In der seit dem 17. Jh. verfallenden Festung sind Reste von Kirchen, Wohnhäusern, Speicherhallen, Kasernen, Hospitälern, einem Gefängnis und Brunnen erhalten. Ihre mächtigen Mauern haben eine Gesamtlänge von 620 m. Die drei Hauptbastionen blicken nach Norden in Richtung Argostoli, aufs Meer und auf die einstige Inselhauptstadt San Giorgio zu ihren Füßen, deren Funktion 1757 Argostoli übernahm. Bis zu 12000 Menschen sollen in San Giorgio gelebt haben, heute ist nur noch ein hübsches Dorf namens Kastro vor den Burgmauern geblieben. Unbedingt empfehlenswert ist eine Pause im von Blumen umrankten Kastro-Café und ein Spaziergang von dort zum anderen Ortsende, wo noch das Hauptportal der Evangelistria-Kirche (1420) mit primitiven Engelsreliefs steht.

i Praktische Hinweise

Einkaufen

Polytropon, Kastro, Tel. 26 71 06 99 44, Mobil 69 77 55 02 01, www.polytroponart.com.gr. Fotograf Theodosis Karageorgos bietet in diesem stilvollen Andenkenladen Keramik, Fotos und Bilder aus Eigenproduktion an.

Hotel

Gentilini Retreat, bei Peratata, Tel. 26 71 02 66 32, www.gentiliniretreat.gr. Schmucke Zimmer in zwei Häusern in einem weitläufigen, ruhigen Anwesen.

Restaurants

Petrino Spiti, Peratata, Tel. 26 71 06 99 88. Spezialität des meist abends geöffneten Lokals ist im Tontopf (*Tserepa*) geschmortes Huhn.

To Kastro, Kastro, Tel. 26 71 06 93 67 oder 26 71 06 99 29. Spiros Koutsos und seine britische Gattin Nicki umsorgen beflissen die zufriedenen Gäste. Großartiger Birnencheesecake. Hier muss man gewesen sein (tgl. 9-18 Uhr).

36 Omala-Tal und Enos-Naturschutzpark

Wallfahrtskloster, Robolawein und Bergwald.

Im fruchtbaren Hochtal der Omala reift der Robola-Weißwein, der zu den teuersten und besten Griechenlands gehört. Überragt wird das Tal von der markanten Kuppel der Klosterkirche **Agios Gerasimos** bei Frangata, die in den 1980er-Jahren erbaut wurde. Interessanter als dieses meist versperrte Monumentalgebäude ist der alte Klosterhof: In der mächtigen Platane, die der Inselpatron selbst 1570 gepflanzt hat, zwitschern Singvögel, die manchmal durch den Glockenklang der mächtigen *Kodonostasis* (Glockensegel) über dem Klostertor aufgescheucht werden. In der bescheidenen alten Klosterkirche ruht in einem Silberschrein der Sarkophag des hl. Gerasimos. An den Festtagen des Inselheiligen, dem 15. August, seinem Todestag, und dem 20. Oktober, dem Tag seiner Heiligsprechung, strömen wahre Menschenmassen in das Omala-Tal. Gleich gegenüber dem Eingang zeigt eine Ikone den Moment der Entschlafung des Heiligen: Winzig kleine Engel tragen seine Seele gen Himmel.

Grandiose Bergeinsamkeit erlebt man auf dem Berg **Enos**, den die Venezianer wegen der hier wachsenden, dunklen *Kefalonia-Tanne* auch Monte Negro (Schwarzer Berg) nannten. Die Region um den Gipfel **Megas Soros** (1627 m) wurde 1962 zum Naturschutzgebiet erklärt, um der Abholzung dieser einzigartigen Baumart Einhalt zu gebieten. Die Aussicht über Kefalonia, hinüber nach Ithaka und das Ionische Meer lädt zum Verweilen und Träumen auf dem Gipfel.

Für die Anfahrt empfiehlt sich die Straße zwischen Argostoli und Sami, von ihr führt eine asphaltierte Abzweigung bis

Aus den 1980er-Jahren stammt die Kirche des Inselheiligen Gerasimos. An hohen Feiertagen ist sie kaum groß genug, um die Pilger aus allen Teilen der Insel aufzunehmen

Die Strände bei Lasi sind vor allem ihres angenehm feinen Sandes und des großen Platzangebotes wegen beliebt

zu einem Parkplatz am Rand des Nationalparks, dort beginnt ein Wanderweg auf die Höhen des Enos. Eine touristische Erschließung durch Infotafeln und ausgewiesene Wanderrouten abseits dieser Hauptstrecke steckt noch in den Kinderschuhen, Einkehrmöglichkeiten gibt es nicht.

i Praktische Hinweise

Restaurant

Ampelaki, Faraklata, Tel. 26 71 08 43 16. In diesem *Estiatorio* kehren die Winzer der Umgebung gerne ein.

37 Metaxata und Lasi

Erinnerungen an Lord Byron und Wasserskifreuden am Meer.

In **Metaxata** lebte Lord Byron (1788–1824), einer der bedeutendsten Dichter der englischen Romantik, von August bis Dezember 1823. Anschließend brach er zum griechischen Festland auf, um sich dort am Freiheitskampf der Griechen gegen die Osmanen zu beteiligen. Da seine Unterkunft beim Erdbeben 1953 zerstört wurde, erinnert heute nur noch eine Büste auf dem Hauptplatz an diesen Aufenthalt. In dem typischen Livathos-Ort fallen schmucke Villen wohlhabender Auslandsgriechen auf, die hier ihren Urlaub verbringen. Der schönste Strand der Umgebung findet sich südlich an der Bucht von Avithos.

Etwa 5 km westlich von Metaxata liegt *Lakithra* mit seinen mykenischen Gräbern und einem verwitterten Gedenkstein, der einen euphorischen Ausruf Byrons trägt: ›Wenn ich ein Dichter bin, so hat mich die Luft Griechenlands dazu gemacht‹.

Im nahen Minia produziert Familie Gentilini [s. S. 128] Weltklasseweine. Weiter nördlich lockt in der Nähe der vor allem von britischen Gästen frequentierten Urlaubshochburg **Lasi** der gelbsandige Strand *Platys Gialos*. Nahebei befindet sich auch die charmant von beblühten Uferfelsen gegliederte Bucht von *Makrys Gialos*. Wer gern Wasserski fährt, findet hier die beste Anlaufstelle der Insel. An beiden Stränden bieten Strandbars eisgekühlte Wassermelonenschnitze und Erfrischungen an.

i Praktische Hinweise

Restaurant

Avithos Preview Taverna, Avithos, Tel. 69 32 45 70 90, www.avithospreview.com. Ein junger Sommelier führt zusammen mit seiner Mutter das edelschlichte Terrassenlokal über der Badebucht.

Zakynthos – die Insel der Schildkröten

›Blume der Levante‹ nannten die Venezianer Zakynthos, das sie jahrhundertelang beherrschten. Auch heute noch betört die Insel ihre Besucher. Besonders in der charmanten und kulturstolzen Hauptstadt **Zakynthos-Stadt** ist das Erbe der einstigen Regenten noch lebendig, byzantinische und venezianische Einflüsse sind hier eine sehenswerte Symbiose eingegangen.

Berühmt ist Zakynthos für die Schönheit seiner Küsten. Geradezu dramatisch sind einige Badebuchten im Westen, die teilweise schwindelnd tief unter der steilen Küste glitzern. Weißer Sand, das rostende Wrack eines Zigarettenschmugglers, lotrechte Felsen – der **Shipwreck Beach** ist nur per Boot zu erreichen! Als ideale Kulisse für Sundowner werden die 200 m ins Meer abfallenden Klippen von Kambi angesteuert. An der Nordspitze locken türkisblaue Grotten, und auch an der Ostküste reiht sich Bademöglichkeit an Bademöglichkeit – hier gibt es besonders viele familienfreundliche Flachstrände wie Tsilivis, das die blaue Flagge für Wasserreinheit führen darf. Im Südosten bietet die liebliche **Vasilikos-Halbinsel** mit ihrer bunten Palette kleiner Strände und individueller Beachbars maßgeschneiderte Bademöglichkeiten für jeden Geschmack, vom karibisch anmutenden *Banana Beach* bis zum sandigen *Gerakas-Strand*.

Doch Zakynthos bedeutet nicht nur spektakuläre Strände. Wer den Trubel der Küste hinter sich lässt, der wird immer wieder auf gemütliche Tavernen stoßen, die zu bodenständiger Küche wohlschmeckenden, bernsteingelben Landwein ausschenken. Berge blauer Korinthen liegen zum Trocknen in der Sonne, archaische Steindeckel verschließen venezianische Zisternen, und Bäuerinnen ernten die riesigen weißen Inselzwiebeln. Auf einer solchen Inselrundfahrt offenbart sich der ganze Zauber der ›Blume der Levante‹.

38 Zakynthos-Stadt (Chora)

Lebendige Hafenstadt mit Wallfahrtskirchen, Ikonengalerien und Musiklokalen.

Zakynthos-Stadt, von den Einheimischen auch Chora genannt, erstreckt sich in Nord-Südrichtung am Fuße des markanten Bochali-Hügels. Schmucke, neuklassizistische **Giebelhäuser** in Zartgelb und Rosa bestimmen das Bild der beim Erdbeben 1953 schwer beschädigten, danach aber liebevoll wieder aufgebauten Stadt. Heute zählt Zakynthos-Stadt an die 10 000 Einwohner und präsentiert sich als lebendige Inselmetropole mit guten **Shopping-Möglichkeiten** und hervorragenden **Museen**. Auch zahlreiche Festlandsgriechen wissen die Reize der Stadt zu schätzen und reisen von Kyllini auf dem 18 Seemeilen entfernten Peloponnes an, um sich in den teilweise rund um die Uhr geöffneten Musik- und Aussichtslokalen zu amüsieren.

Geschichte In der Odyssee ist es Zakynthos, Sohn des Trojanerkönigs Dardanos, der mit Siedlern vom Peloponnes auf die Insel zog und ihr seinen Namen gab. Inwiefern es für diese Gründungslegende einen realen Hintergrund gibt, ist auf der archäologisch ziemlich unergiebigen

Das dekorativste Wrack der Erde ziert den Shipwreck Beach von Zakynthos

Insel nicht in Erfahrung zu bringen. Erste Siedlungsspuren finden sich aber bereits in neolithischer Zeit (ca. 3000 v. Chr.), was jedoch nicht ausschließt, dass auch schon vorher Menschen auf der Insel lebten.

Im *Perserkrieg* (490/480 v. Chr.) verhielten sich die Zakynther neutral. Da der General Tolmides die Insulaner 456 v. Chr. zum Anschluss an Athen genötigt hatte, unterstützten sie die Stadt im *Peloponnesischen Krieg* (431–404) gegen Sparta. Unter den Römern (ab 191 v. Chr.) behielt die Insel Privilegien wie Münzrecht und sogar einen eigenen Rat. Im Jahre 34 n. Chr. soll Maria Magdalena auf ihrer Reise in die Provence die Inselbewohner zum Christentum bekehrt haben.

Im Zuge der byzantinischen Verwaltungsreform von 887 wurde Zakynthos Kefalonia unterstellt. 1185 erobertere Wilhelm II. von Sizilien die Insel, sein Nachfolger verlieh sie 1194 an die Adelsfamilie der Orsini, der das beneventinische Geschlecht der Tocco folgte. 1479 sah diese Familie keine Möglichkeit mehr, die Insel gegen die vorrückenden Osmanen zu verteidigen und verkaufte Zakynthos an die Republik Venedig. Nach kurzem osmanischen Intermezzo (bis 1482) nutzten die Venezianer Zakynthos über 300 Jahre als wichtige Basis im Mittelmeer.

Mit den Franzosen, die Zakynthos nach der Eroberung Venedigs durch Napoleon 1797 besetzten, verbreitete sich auch revolutionäres Gedankengut: Symbolisch wurde das *Libro d'Oro*, das Verzeichnis der Adeligen auf der Insel, verbrannt. In den Wirren der napoleonischen Kriege, während derer die Insel rasch zwischen Russen, Franzosen und Briten wechselte, sollte Zakynthos 1807 sogar zum ersten griechischen Freistaat ausgerufen werden, dieser Plan scheiterte jedoch an den Truppen Napoleons. Wie die übrigen Ionischen Inseln gehörte auch Zakynthos von 1815–1864 zur *Republik der Sieben Inseln* unter britischem Protektorat, bis es sich dem griechischen Königreich anschloss. Im Zweiten Weltkrieg war Zakynthos zwischen Allierten und Achsenmächten umkämpft. Das Erdbeben 1953 führte zu einem gewaltigen Exodus, der durch den Tourismus aber zumindest an den Küsten gestoppt werden konnte.

Die riesige, zum Meer hin offene **Platia Solomou** 1, der einstige Opernhausplatz, ist der Freiluftsalon von Zakynthos-Stadt. Hier treffen sich die Einheimischen,

Ihre geschützte Lage in einer Bucht macht die Stadt Zakynthos zu einem hervorragenden Hafen

tollen spielende Kinder umher und bieten Maiskolbenbratereien ihre Waren bis spät in die Nacht feil. In der Mitte des Platzes weist eine Statue des Dichters der griechischen Nationalhymne Dionysios Solomos [s. S. 108] (1798–1857) mit ausgestreckter Marmorhand der griechischen Nation den Weg.

Der Uferverkehr braust an der Kirche **Agios Nikolaos** 2 entlang. Das 1560 erbaute und nach dem Beben originalgetreu rekonstruierte Gotteshaus der Seeleute und Getreidehändler lag früher auf einem Inselchen, das durch die Erweiterung der Hafenanlagen vom Festland geschluckt wurde. Auf dem Glockenturm brannte ein Signalfeuer, für dessen Unterhalt jedes einfahrende Schiff spendete. Die liturgischen Gewänder des Inselpatrons Dionysios (1546–1621/24), der hier Abt war, sind in einer Vitrine rechts vom Eingang verwahrt. In der von Doppeladlern bekrönten Ikonostase steht unten links eine kostbare, abgeblätterte Ikone des hl. Nikolaus.

Gut 1000 Ikonen und religiöse Gemälde sind im **Museum für Nachbyzantinische Kunst** 3 (Tel. 26 95 04 27 14, Di–Sa 8–15 Uhr) ausgestellt, das die Nordseite des Platzes einnimmt. In der Kassenhalle sind ein Modell der Stadt vor dem Erdbeben, alte Fotos und Zeitungsausschnitte zu dieser Naturkatastrophe sowie eine 7,55 m breite Prozessionsleinwand für das Fest des hl. Charalambos zu sehen. Im ersten Raum rechts weckt eine Marienikone mit abgenommenem Silbermantel (russ. Oklad) das Interesse des Betrachters.

Ein Höhepunkt der Ausstellung findet sich im 1. Stock: Dort wurden die komplett abgenommenen *Fresken* aus der Kapelle Agios Andreas bei Volimes angebracht, die im 17. Jh. im festlandsgriechischen Stil ausgemalt wurde. Interessante Details auf der großartigen Weltgerichtsszene an der Eingangswand sind die Hure Babylon, der Elefant, ein Drachen und ein Bär, der am Tag des Jüngsten Gerichts noch den Arm eines von ihm Gefressenen im Maul hat.

Weitere Säle dokumentieren die enge Verflechtung von venezianischer und ionischer *Barockmalerei* anhand von Werken der Lefkadier Panagiotis Doxaras (1622–1700, Studium in Venedig) und seines Sohnes Nikolaos. Auch bei den Festbildern des Zakynthiners Nikolaos Kantounis lässt sich an der ausdrucksstarken Physiognomie der Figuren und dem starken Hell-Dunkel-Kontrast der Einfluss Tizians, Tiepolos und Tintorettos erkennen.

Vorbei an Tavernen und Cafés spaziert man zur *Platia Agiou Markou*, die nach der kleinen katholischen Kirche mit putzigem Campanile benannt ist. Gegen Mitternacht wandelt sich der Markusplatz zum Nachtschwärmer-Treff.

Das **Solomos Museum** 4 (Tel. 26 95 02 89 82, tgl. 9–14 Uhr) links neben der Kirche ist nicht nur dem Dichter Dionysios Solomos gewidmet, dessen Namen es trägt, sondern beschäftigt sich auch mit der bürgerlich-adligen Stadtkultur des 19. Jh. Die Vorhalle beherbergt ein Stück jener Eiche, in deren Schatten der Poet auf dem Stranihügel die spätere griechische Nationalhymne ersann. Im *Mausoleum* des Erdgeschosses ruhen in Marmorsarkophagen die sterblichen Überreste der zakynthischen Poeten Dionysios Solomos und Andreas Kalvos (1792–1869), an den sein eingravierter Ausspruch »Süß ist der Tod nur, wenn man in der Heimat schläft« erinnert. Beide engagierten sich in der in ganz Westeuropa populären griechischen Freiheitsbewe-

gung gegen die Osmanen, die schließlich 1827 zur Gründung des selbstständigen griechischen Staates führte.

Die einheimischen Adelswappen im 1. Stock tragen italienische Namen, ein Riesengemälde erinnert an den bis heute lebendigen venezianischen Karneval. Vergilbte Opernplakate künden von der Leidenschaft der Zakynthiner für Musik. Im Solomos-Gedenkraum finden sich bilinguale (in Griechisch und Italienisch) Manuskripte und seine Uniform als Ritter des britischen Ordens der hll. Michael und Georg.

Der Zakynthiner Ugo Foscolo (1778–1827), der zu einem der bedeutendsten Poeten des italienischen Risorgimento wurde, ist auf einem Gemälde mit modischen Koteletten und Schillerkragen dargestellt. Unter den vielen Ölporträts beflügelt eine unbekannte Schöne im Ballkleid mit dem geheimnisvollen Namen Adamantina-Nina Voultzou-Karamaliki die Fantasie.

Ein paar Gassen ostwärts liegt unterhalb des Straßenniveaus die 1687 erbaute Barockkirche **Kiria ton Angelon** 5. Auf der Fassade dieses architektonischen Juwels sind der Erzengel Michael, ein byzantinischer Doppeladler und eine Maria mit Kind aus gelblichem Globigerinkalk herausgemeißelt. Stil und Material erinnern an die Barockarchitektur Apuliens, wo es noch heute griechischsprachige

Dörfer gibt. Der Innenraum birgt eine kretische Ikonostase mit einer Marienikone von Panagiotis Doxaras (1662–1729).

An der Platia Agiou Markou beginnt auch die *Fußgängerzone* **Odos 21. Maiou** 6. Ihr angenehmer Ladenmix lockt zum Bummel: Neben Frühstücksbars, Boutiquen und Juwelieren, die Schildkrötenamulette ausstellen, bieten Zuckerbäcker *Mandolato* an, eine Art türkischen Honig, der ursprünglich nur zu Weihnachten gegessen wurde.

In der Tertseti-Straße wurde anstelle der 1953 zerstörten Synagoge von 1489 eine **Widerstandsgedenkstätte** 7 gegen die deutsche Besatzung im Zweiten Weltkrieg errichtet. Wenigen Politikern gebührt so sehr ein Denkmal wie dem Bürgermeister Loukas Karrer, an den hier u.a. erinnert wird. Er bewies seine Zivilcourage, indem er auf die Aufforderung hin, eine Liste mit den Namen zakynthischer Juden einzureichen, ein Papier präsentierte, auf dem nur zwei Namen standen: sein eigener und der des Erzbischofs Chrysostomos.

Wer sich an der Elevtheriou-Straße links hält, spaziert zunächst an der Analipsi-Kirche vorbei, passiert dann den zentralen Busbahnhof der Insel und erreicht schließlich die **Strada Marina** 8. Dort treffen die Fährschiffe aus Kyllini ein, und Fischer verkaufen ihren Tagesfang direkt vom Kutter. Außerdem bieten Reiseagenturen Tagesausflüge nach Olympia auf dem Peloponnes an.

In südlicher Richtung geht es weiter zu der dem Inselheiligen geweihten, zwischen 1925 und 1948 errichteten Kirche **Agios Dionysios** 9 (tgl. 7.30–23, der Sarg des hl. Dionysios ist von 9–12.30 und 17.30–22 Uhr nach Anfrage zu sehen). Ihr Campanile ist eines der Wahrzeichen von Zakynthos-Stadt. Wie durch ein Wunder überstand das Gotteshaus das Erdbeben 1953 fast unbeschadet. Die von außen nüchtern wirkende Kirche (Fotos verboten, Blößen bedeckende Tücher am Eingang) entpuppt sich beim Betreten als Ehrfurcht gebietende Überraschung. Wie eine goldene Reliquienhöhle, erhellt von venezianischen Silberleuchtern, präsentiert sich

TOP TIPP

Am Markusplatz vereinen sich alle Vorzüge des griechischen Insellebens: Tagsüber informiert das Solomos Museum (links) über Geschichte und Kultur, abends locken lässige Tavernen

der vollständig ausgemalte Innenraum. Die vergitterte Westwand wird von Säulen im frühbyzantinischen Stil gestützt. Die vergoldete Ikonostase ist von einem filigranen Mitteltor durchbrochen. Pfauenarmlehnen fassen den Neo-Empire-Bischofsthron ein. Gläubige schreiben Wunschzettel an den Inselpatron, der vorn rechts in einer silbernen Sargschatulle ruht und dessen Leben in realistischen Bildern im Obergaden geschildert wird. Beachtung verdient die Abbildung der Wüsteneremitin Maria Aegyptica. Sie ist mit den Pyramiden ihrer Heimat im Hintergrund am Anfang der linken Seitenwand dargestellt.

Das Kloster hinter der Kirche beherbergt das **Strofadenmuseum** 10 (Tel. 26 95 04 41 26, tgl. 9–13 Uhr), das einst vom Strofadenkloster (s.u.) betreut wurde. Hauptsehenswürdigkeit ist ein gut 8 m breites *Prozessionsbild* zum Dionysios-Tag (17. Dez.) im Stile Veroneses und Tiepolos von Nikolaos Koutouzis. Auf dem auf zwei Leinwänden gemalten Werk erkennt man die mittlerweile völlig verfallenen Windmühlen des Bochali-Hügels.

Im Ortsteil Bochali auf dem gleichnamigen Hügel werben zahlreiche Cafés und Restaurants mit der herrlichen Aussicht über den Hafen von Zakynthos-Stadt und das Meer. Besonders bei Nacht bietet die hell erleuchtete Stadt einen wunderbaren Anblick – kein Wunder, dass einige Cafés fast rund um die Uhr geöffnet sind.

Auf dem Hügel befinden sich auch die Ruinen des venezianischen **Kastro** 11 (Di–So 8–19.30, im Winter 8–14 Uhr) aus dem 17. Jh., deren Eingangstor von einem geflügelten Markuslöwen bekrönt wird. Beim Spaziergang durch das ausgedehnte, fast völlig von Aleppokiefern überwachsene Areal kann man verfallene Kirchen, ein venezianisches Pulvermagazin mit massiven Dachziegeln und das ehemalige Gefängnis ausmachen. Noch im Zweiten Weltkrieg waren einige Bastionen umkämpft. Keinesfalls versäumen sollte man den Hafenblick von der Martinengo-Bastion im Süden der ehemaligen Festung.

Beim Spaziergang zur nördlich von Bochali gelegenen Anhöhe **Lofos Strani** 12 trifft man häufig auf griechische Schulklassen – hier verfasste Dionysios Solomos die Nationalhymne Griechenlands. Der gepflegte Olivenhain mit einer Büste des Poeten und kleinem Theater eignet sich gut für ein Picknick.

Ein Kapitel Kolonialgeschichte erzählt schließlich der verfallende und etwas versteckte **British Cemetery** 13, dessen Eingang von Quitten und Zitronen überwuchert ist (von der Uferstraße Richtung Krioneri ausgeschildert).

Ausflug

Bootstouren zu den **Strofaden**, zwei unbewohnten Inseln 37 Seemeilen (50 km) südlich von Zakynthos, sind besonders bei einheimischen Zugvogeljägern beliebt (unregelmäßige Abfahrten meist von Zakynthos-Stadt oder Laganas). Auf Arpia, der kleineren der beiden Inseln, florierte vom 13. bis zum 20. Jh. ein Mönchskloster, das in seiner wehrhaften Gestalt eher an eine Festung erinnert. Der hl. Dionysios, Schutzpatron von Zakynthos, lebte dort eine Zeitlang als Mönch und wurde nach seinem Tode 1624 zunächst auch hier bestattet.

i Praktische Hinweise

Informationen

Polizei, Zakynthos-Stadt, Tel. 26 95 04 25 50

Hotelvereinigung Zakynthos, Zakynthos-Stadt, Tel. 26 95 05 53 02

Hotels

TOP TIPP ***__Strada Marina__**, K. Lomvardou 14, Zakynthos-Stadt, Tel. 269 50 427 613 und 269 50 45 50 13, www.stradamarina.gr. Großzügiges Hafenhotel im Art-Déco-Stil. Dachgarten mit Swimmingpool und herrlichem Hafenblick. Frühstück unter Ölgemälden der antiken Mythologie.

****Yria Hotel,** Kapodistriou 4, Zakynthos-Stadt, Tel. 26 95 04 46 82, www.yriahotels.gr. Klein, sauber und nicht weit weg vom Zentrum. Gutes Preis-Leistungs-Verhältnis.

Restaurants

Alektor, Plateia Demokratias 2, Zakynthos-Stadt, Tel. 26 95 02 46 44, www.alektorzante.gr. Herr Vithoulkas legt großen Wert auf die Qualität und Herkunft seiner Zutaten. Typisch griechische und zakynthische Küche wird zu zakynthischen Kantades (Serenaden) serviert.

Kokkinos Vrachos, Platia Solomou, neben der Kirche, Zakynthos-Stadt, Tel. 26 95 02 58 20. In diesem angenehmen Café studieren ältere Herren die Inselpostille *Ermis*.

Latas, Bochali, Tel. 26 95 04 82 30. Das edel designte 22 Stunden offene Café-Bistro ist der ideale Ort, um den Sonnenaufgang mit Blick über Zakynthos-Stadt zu erleben.

Malamos, Ag. Athanasiou 27, Tel. 26 95 04 59 36, www.malanos.gr. Auch viele Einheimische kommen in die traditionelle Taverna. Nette Atmosphäre, große Portionen und kleine Preise zeichnen diesen Familienbetrieb aus.

Mantzare, Ag. Lazarou 113, Zakynthos-Stadt, Tel. 26 95 02 20 12. In dem Grilllokal in der westlichen Verlängerung der Fußgängerzone holen die Einheimischen abends mit der Vespa ihre Rationen ab. Christos Kokas grillt auf offenem Feuer epirotische Hirtenspezialitäten.

Tasty Corner, Alex. Roma 9, Zakynthos-Stadt. Tel. 26 95 04 38 86. Das beste Frühstückscafé mit Riesenauswahl an Blätterteiggebäck.

39 Halbinsel Vasilikos

Strände und Tavernen in großer Auswahl.

Von oben gleicht die Vasilikos-Halbinsel im Südosten von Zakynthos-Stadt ein wenig den Konturen Süditaliens – manchmal wird die bergige Landschaft voll üppiger mediterraner Vegetation, reizvoller Badebuchten und hoch über dem Meer schwebender Tavernen denn auch mit der Amalfiküste verglichen. Jedenfalls macht es wegen der stetig wechselnden Naturveduten viel Spaß, mit Mountainbike oder Motorscooter genüsslich auf der kurvenreichen Panoramastraße entlangzubummeln.

Von Zakynthos-Stadt kommend passiert man zunächst **Argasi**, ein pulsierendes Zentrum des Inselnachtlebens. Im Gewimmel von Discos, Kneipen, Internet-cafés, Reisebüros und Scooter-Vermietern wirkt der alte Fischerhafen fast schon anachronistisch. Auf dem 1 km vom Strand entfernten Argasi-Hügel schweift der Blick von den hellen Bauten der Inselmetropole Zakynthos-Stadt bis zum 18 Seemeilen entfernten Peloponnes – ein herrlicher Platz, um den weißen Kielen der Fährschiffe nach Kyllini nachzublicken.

Dieses Panorama ist noch steigerungsfähig: Vom 491 m hohen **Skopos**, der durch Jeeppisten erschlossen ist, lassen sich wie auf einer Luftbildkarte die Laganas-Bucht, das sichelförmige Kap Gerakas und sogar Kefalonia erspähen. In dem vom Erdbeben 1953 stark beschädigten Gipfelkloster *Panagia Skopiotissa* feiern die Zakynther jeden 15. August die Entschlafung Mariens mit einer Wallfahrt. Die wieder aufgebaute, weiß gekalkte Kapelle der Allerheiligsten Gottesmutter – ein weithin sichtbares Wahrzeichen – birgt eine Ikone, die 1453 aus dem von den Türken erstürmten Konstantinopel gerettet wurde.

Auch für die Versorgung mit Vitaminen ist auf Zakynthos gesorgt: Von Pfirsichen über Bananen, Trauben und Birnen bis zu Melonen findet sich alles, was gesund und köstlich ist

Wie ein Adlerhorst hockt der nächste Ort namens Xirokastelo mit seinen Panoramatavernen über der Küste. Von hier führen Serpentinen zum sandigen Kaminia-Strand, der durch einen Küstenpfad auch mit der Kieselbucht Vourderi verbunden ist.

Vasilikos, der Verwaltungssitz der Halbinsel, ist eine ausgedehnte Streusiedlung. Im *Nemorosa-Museum* am südlichen Ortseingang wurden einheimische Trachten und Adelsmode, alte Möbel und Geräte zusammengetragen. Ein *Keramikstudio* (an der Hauptstraße, Tel. 26 95 03 50 12, www.ceramichannemi.com) voller ausgefallener Kreationen betreibt die renommierte norwegische Künstlerin Hanne Mi Sauge, die schon für den griechischen Premierminister ein Schildkrötenrelief töpferte.

Doch die wahre Attraktion von Vasilikos sind die **Strände**. *Porto Zoro* mit den plump vor der Küste liegenden bewachsenen Felsen und der schnurgerade *Banana-Beach* unterhalb eines wohlriechenden Kiefernwaldes: heller Sand, Dünen und Strandbars, die flippige Metaxa-Cocktails ausschenken. Beschaulicher ist sein *Ionion-Strand* getaufter, von Kieseln durchsetzter Westteil. Auf Wunsch halten die Touristenbusse an den meisten Stränden.

Shuttlebusse aus den größeren Badeorten sorgen auch für regen Zustrom nach **Agios Nikolaos**, wo eine weiß gekalkte Kapelle des Schifffahrtsheiligen auf dem kahlen gleichnamigen Kap einen reizvollen Kontrast zu den bunten Sonnenschirmen und Liegestühlen der Nachbarstrände bildet. Die bei Beach-Volleyballern beliebten Sandstrände von *Golden Bay*, *Plaka* oder *Agios Nikolaos* stehen zur Auswahl.

Bananaboats kreisen vor der angrenzenden Mavratzis-Bucht, die von Gästen der darüber aufragenden Luxushotels belegt wird. Endstation der Busse ist Porto Roma, ein winziger Fischerhafen mit kleinem Kieselsteinstrand.

Dante von Zante und die Hellas-Hymne

Im Gegensatz zum von den Osmanen beherrschten griechischen Festland bestand auf den Ionischen Inseln seit 1799 die **Republik der Sieben Inseln**, zunächst unter russischem, später unter britischem Protektorat. Doch für Viele konnte dieser Zustand nur eine Zwischenlösung auf dem Weg zur endgültigen staatlichen Einheit aller Hellenen sein – und je schneller die Türken vertrieben wären, desto besser. Dieser Stimmung verlieh der Dichter **Dionysios Solomos** (1798-1857) im Mai 1823 auf seiner Geburtsinsel Zakynthos Ausdruck, indem er die 158 Strophen der ›Hymne an die Freiheit‹ (*Imnos pros tin eleftherian*) verfasste. Der martialische Tonfall wird vor dem Hintergrund des **Befreiungskrieges** verständlich.

Ich erkenn' dich an der Schärfe
deines Schwerts, der furchtbaren,
ich erkenn' dich an dem Blicke
der mit Kraft die Erde misst.
Von den heiligen Gebeinen
der Hellenen auferweckt
und, wie einst, nun stark geworden,
Freiheit, Freiheit, sei gegrüßt!

Die ersten Strophen wurden 1828 und in einer festlicheren Fassung erneut 1841 von dem Korfioten Nikolaos Chalkiopoulos Mantzaros vertont. Die zweite Fassung sandte er an Griechenlands König, den Wittelsbacher Otto. Der zeigte sich so beeindruckt, dass er Mantzaros einen Orden verlieh und anordnete, das Stück künftig bei offiziellen Anlässen zu spielen. Doch die bayerische Königshymne wurde auch weiterhin als Nationalhymne verwandt. Das änderte sich erst 1865 mit der Vereinigung der Ionischen Inseln mit Griechenland. Denn als der neue König Georg zum ersten Mal den Kai Korfus betrat, schmetterte das symphonische Orchester Solomos' Hymne an die Freiheit, und in seiner Begeisterung erklärte Georg das vierzig Jahre alte Werk zur neuen Nationalhymne.

Wer wollte hier, in der Bucht von Agios Nikolaos, nicht Fischer sein?

Die längliche Mini-Halbinsel von Kap Gerakas mit ihrem sichelförmigen Sandstrand zur Bucht von Laganas gehört zu den bevorzugten Brutgebieten der Karettschildkröte. 1984 wurden die ersten Maßnahmen zu ihrem Schutz eingeleitet. Kurz vor dem Strand hat die *Archelon Sea Turtle Protection Society of Greece* (Tel. 2105231342, www.archelon.gr) ein **Informationszentrum** eingerichtet, das mit Schautafeln (auch auf Deutsch) das enge Nebeneinander von Schildkrötennestern und touristischer Badewelt schildert. Hier werden Bootsfahrten zur Tierbeobachtung angeboten und Strandaufräumaktionen mit Gästen veranstaltet.

Direkt am Strand weist der Infokiosk der Schildkrötenschützer darauf hin, direkt am Ufer zu bleiben und die gekennzeichneten Nester zu respektieren. Während der Brutzeit darf der Strand nachts nicht betreten werden.

Die drei Strände an der **Südküste** der Halbinsel Vasilikos gehören zur besonders schutzwürdigen Schildkrötenbrutzone A. Das Betreten des Sekaniastrandes ist daher nur mit Ausnahmegenehmigung möglich; Umweltschützer patrouillieren, um das einzige völlig ungestörte Schildkrötengebiet in seinem Naturzustand zu erhalten.

i Praktische Hinweise

Hotels

*****Ionian Eco Villagers**, Gerakas, Tel. 2695036029. Stilvolle ländliche Quartiere auf Wochenbasis. Ideal für Familien und Paare.

****Aquarius Hotel**, Vasilikos, Tel. 2695035300, Winter 2109374179, www.hotelaquarius.gr. Sorgfältig geführtes Familienhotel in einem Pinienhain beim Ionion-Strand.

****Villa Kouros**, Xirokastelo, Tel. 2695035183, Mobil 6972311768, www.villakouros.gr. Zwölf Apartments oberhalb der Küste mit Meerblick und Pool.

Restaurants

Kostas Brother, Vasilikos, Tel. 2695035450. Wein, Kaninchen, Hühner und dunkles Ofenbrot sind selbstgezogen bzw. selbstgemacht. Oft nur an Wochenenden geöffnet.

Lithies Taverna, Vasilikos, Tel. 2695035290, www.lithieshouses.gr. Urige Taverne einer 55 ha großen Biofarm im Marine Nationalpark. Die traditionellen Gerichte werden mit den Zutaten aus dem eigenen ökologischen Landbau zubereitet.

Caretta caretta – zwischen Massentourismus und Naturschutz

Selten wird der Interessenkonflikt zwischen dem Ausbau des Tourismus und dem Naturschutz so deutlich wie entlang der Bucht von Laganas. Denn ausgerechnet auf die spektakulärsten Strände entlang der Bucht sind die bis zu zwei Zentner schweren Muttertiere der **Unechten Karettschildkröte** (Caretta caretta) fixiert. Denn für die Schildkröten bietet der weiche Sand in Gerakas, Dafni, Sekania, Kalamaki, Laganas oder auf der Insel Marathonisi ideale Brutbedingungen: Relativ einfach können sie hier die etwa 50 cm tiefen Löcher graben, in denen sie ihre bis zu 1100 Eier ablegen. Anschließend schaufeln sie die Löcher wieder zu und lassen die Eier von der Sonne in ca. 50–60 Tagen ausbrüten.

Da die Tiere bis zu 100 Jahre alt werden können und immer wieder an jene Strände zurückkehren, an denen sie einst geboren wurden, kommen ihnen fast automatisch die Touristen in die Quere, die seit den 1970er-Jahren in immer größerer Zahl nach Zakynthos und an die Bucht von Laganas strömen.

Doch nicht nur die Muttertiere werden durch Lärm und Unrat von den Stränden vertrieben (und entledigen sich ihrer Eier dann im Meer). Auch für die frisch geschlüpften, 4–6 cm kleinen Minireptile ist ein geschütztes Habitat überlebenswichtig. Denn wenn die noch weichpanzerigen Tierchen nachts nicht instinktiv in die vom Mondschein schimmernde See kriechen, sondern das Licht und die Geräusche von Tavernen, Laternen, Autos oder Feuer mit dem rettenden Nass verwechseln, dann verenden sie nach Sonnenaufgang in der heißen Sonne oder werden von Vögeln und Hunden gefressen. Trotz dieser Bedrohungen wäre es missverstandene Tierliebe, die frisch geschlüpften Schildkröten ins Meer zu tragen – sie müssen den Weg allein finden, um später wieder zu ihren Brutstätten zurückkehren zu können.

Fünf Minuten vor Zwölf hat die griechische Regierung gehandelt und nach Klagen vor dem Europäischen Gerichtshof das Brutgebiet wenigstens teilweise geschützt: Im Jahr 1999 wurde die Laganas-Bucht an der Südküste von Zakynthos zusammen mit den Strofaden zum **Nationalen Meerespark** erklärt: Während der Brutzeit von Ende Mai bis Ende Juli dürfen die Strände entlang der Bucht nachts nicht betreten werden, Nachtflüge und die Benutzung von Schnellbooten sind zumindest in der Theorie eingeschränkt; die Insel Marathonisi in der Bucht wurde für menschliche Besiedelung gesperrt.

Der Park ist auch ein Verdienst der 1983 gegründeten Schildkrötenschutzorganisation **Archelon** (gr. chelon = Schildkröte), deren ca. 120 freiwillige Helfer aus aller Welt sogar Attentaten ausgesetzt waren. 1994 gründete sie ein Schildkrötenhospital in Glyfada bei Athen und ermunterte den WWF, das Hinterland der Sekania-Bucht aufzukaufen, um trotz staatlichen Versagens wenigstens eine einzige Totalschutzzone zu garantieren. Zumindest dort nimmt die Zahl der Nester und überlebenden Schildkröten mittlerweile wieder zu.

40 Laganas

Britenrummel am Sandstrand.

Die weite Bucht von Laganas steuert fast die Hälfte der Inselurlauber an – kein Wunder, dass sich dort mit Ausnahme des Inselchens Marathonisi und einiger schilfiger Uferstreifen die Liegestühle oft kilometerweit aneinander reihen – hier bleibt keine(r) lange allein.

Der Badeort **Laganas** ist das Zentrum des britischen Tourismus auf der Insel und hat ein unübersehbares Eigenleben entwickelt: Viele Schotten und Engländer konnten sich dank der Vergnügung suchenden Landsleute eine Existenz als Poolbetreiber, Tauchlehrer oder Bierzapfer unter griechischer Sonne schaffen. An der *Main Road* reihen sich Riesenpubs, Fastfoodbars, Souvenirshops und Alkoholsupermärkte aneinander. Am 9 km langen Sandstrand bräunen oder röten die meist jungen Urlauber in bis zu neun Liegestuhlreihen hintereinander. Standardprogramm für den Abend ist eine *Greek Night* in der Taverna Sarakina vor der Kulisse eines verfallenen venezianischen Herrenhauses, danach geht es in eine der zahllosen Diskotheken – die zum Schutz vor allzu ausschweifenden Gelagen um 6 Uhr früh (!) schließen müssen – früher wurde einfach durchgefeiert.

Auf die winzige Klippeninsel Agios Sotis am westlichen Ortsrand führt ein fragiler Holzsteg. Vor der einzigen Badebucht hat der **Cameo Island Beach Club** gleich buddhistischen Tempelfahnen weiße Tücher hoch oben in der Luft gespannt – Windschleier als meditativer Gegensatz zu den Rhythmen der mondänen Inselbar.

Das 4 km von Zakynthos-Stadt entfernt gelegene **Kalamaki** ist nichts für Lärmempfindliche, denn der Flughafen liegt nur 1 km vom Ortskern entfernt. Am schönen Strand informiert im Sommer ein Infostand über die Schildkrötennester, die mit blauen Eisengestängen notdürftig geschützt sind – oft ist der nächste Liegestuhl nur einen Meter davon entfernt.

Praktische Hinweise

Restaurants

Blue Waves, Laganas, Tel. 26 95 05 23 07. Die akkurat geführte Strandbar mit Liegestuhlvermietung gehört zum gleichnamigen Hotel. Der richtige Platz,

Dieser Steg führt zum Cameo Island Beach Club, einem der Szenetreffs der Insel

um Seite an Seite mit ausgelassenen, tätowierten Briten Hühner-Gyros mit Mythos-Bier hinunterzuspülen.

Olympic Flame, Laganas, Tel. 26 95 05 33 46. Themenrestaurant an der Main Road mit schön kitschigen Athletenbildern.

Keine Schönheit, doch bei jungen Briten sehr beliebt ist die Hauptstraße von Laganas

Die Venezianer entlohnten die Bauern mit Gold, wenn sie einen Olivenbaum auf ihrem Grund pflanzten. Diese knorrigen Gesellen mögen aus jener Zeit stammen

41 Limni Keriou und Keri

Die Quelle des Herodot und eine Schildkröteninsel.

Der Ort **Limni Keriou** liegt an einer allmählich verlandenden Lagune an der Bucht von Laganas. Die von Olivenpflanzungen geprägte Landschaft lädt zu ausgedehnten Wanderungen.

Schon antike Reisende besuchten die Gegend wegen ihrer Erdpechquellen – früher war das Material zum Kalfatern (Abdichten) der Holzschiffe unersetzlich. Mittlerweile hat der von Plinius und Herodot beschriebene Teerfluss nachgelassen. Doch noch heute bleibt an einem Stock, den man in die überdachte **Pigi Irodotou** (Herodot-Quelle) hält, die wenige Meter von der Straße zwischen dem Ortsausgang von Limni Keriou und seinem Hafen entfernt in schilfigem Terrain entspringt, ein wenig schwarzer Naturasphalt kleben.

Vom **Hafen** von Limni Keriou aus bieten bunte *Kaikis* Bootstouren zu den **Marathia-Grotten** am Südende der Bucht von Laganas. Die Fahrt zu diesen für ihr blau leuchtendes Wasser berühmten Höhlen führt durch teils bizarre Felswelten.

Ein herrliches Naturerlebnis ist auch eine Bootsfahrt zur Insel **Marathonisi** mit ihren blendend weißen, aber schattenarmen Stränden. Da das Eiland zur Schutzzone der Unechten Karettschildkröte gehört, dürfen die Boote nur an Land gezogen werden, aber nicht ankern.

An der Westküste von Zakynthos liegt das Dorf **Keri**, in dem viele alte steingefügte Häuser einen Eindruck von der Inselarchitektur vor dem Erdbeben von 1953 vermitteln. Hinter dem Ortsausgang ist links die vorzügliche *Lighthouse Taverna* ausgeschildert. Von dort hat man einen atemberaubenden Blick auf die vor der Steilküste aufragenden Mizithres-Felsen, die zu Recht mit den Faraglioni von Capri verglichen werden. Lohnend ist auch die Weiterfahrt bis zum Leuchtturm, von wo man herrliche Blicke auf die kreideweiße Küstenlandschaft Zakynthos' genießen kann.

Von Keri führen Staubpisten und Wanderpfade unterhalb des 413 m hohen Skopos-Kakavakia zurück an die Bucht von Laganas in den ländlich-verträumten Weiler Marathia, der intime kleine Felsbuchten mit Traumblicken auf das Inselchen Marathonisi besitzt.

i Praktische Hinweise

Tauchen

Nero Sport, Limni Keriou, am Ende der Hauptstraße, Tel. 26 95 02 84 81, Mobil 69 85 66 66 45, www.nero-sport.de.

Hotels

*__Anatoli__, Marathia, Tel. 26 95 04 32 27, Mobil 69 44 62 86 98. Einfache Apartments, allerdings in traumhafter Lage.

Rentaki Villas, Limni Keriou, Tel. 26 95 04 32 54, Mobil 69 72 67 53 02, www.rentakivillas.gr. Die schmucken Apartments sind nach Edelsteinen benannt. Hier wurde an Details wie Doppelverglasung, Moskitogitter und leisen Klimaanlagen nicht gespart.

Restaurant

Keri Lighthouse Taverna, Keri, Tel. 26 95 04 33 84, Mobil 69 72 67 53 02. Die *Pantseta gemista* (mit Karotten, Paprika und Wildkräutern gefüllter Schweinebraten) aus dem Backofen setzt Maßstäbe – und dann ist da noch der Traumblick auf die Mizithres.

42 Agalas und Kambi

Traumstrände und Bergdörfer im Abendlicht.

Die angesichts zunehmender Landflucht stetig schrumpfenden Bauerndörfer an den Hängen des 756 m hohen Vrachionas im Nordwesten der Insel ermöglichen eine Entdeckungsreise in das ursprüngliche Zakynthos. Bei einem Ausflug entlang der meist steil abfallenden, einsamen Westküste erwarten den Besucher einige der großartigsten Meerpanoramen Griechenlands. Außerdem locken urwüchsige Tavernen und alte Klosterkirchen. Das Angebot an Hotels ist in dieser abgelegenen Gegend allerdings recht spärlich.

Erste Wegstation von Keri aus ist das Ölbauerndorf **Agalas**. Am Ortsrand ist die eindrucksvolle *Damianoshöhle* in der Nähe der Taverna Sunset ausgeschildert. Diese Doppelgrotte mit Stalagtiten, die man auf kurzem Steig erreicht, wurde früher als natürlicher Schafs- und Ziegenpferch genutzt.

Ganz archaisch wirken die immer noch Wasser führenden venezianischen Regenwasserzisternen (15. Jh.), die als *Andronios-* oder *Venetian Wells* ausgezeichnet sind. Sie befinden sich ca. 1,5 km vom Ort entfernt auf einer einsamen Hochebene inmitten roter und weißer Reben, begrenzt von Zypressen, Oliven- und riesigen Feigenbäumen. Die elf Becken liegen so weit auseinander, dass auch bei großem Andrang genug Platz für alle Schaf- und Ziegenherden vorhanden war. Die nächste größere Siedlung ist **Kiliomeno**, das von der *Nikolauskirche* (1893) mit ihrem neobarocken Glockenturm überragt wird. In einem alten Steinhaus hat sich die inselweit wegen ihres vorzüglichen Essens geschätzte Taverne *Alitzerini* einquartiert. Auf einer Schotterpiste, die etwa 1,5 km hinter dem Ortsausgang von Kiliomeno in Richtung Agios Leon nach rechts abzweigt, kann man einen Abstecher zum einsam gelegenen *Moni Yperagathou* unternehmen. Aus kunsthistorischer Sicht ist die Anlage eigentlich bedeutungslos, doch die Ruhe, die von dem teils verfallenen Kloster aus dem 17. Jh. ausgeht, rechtfertigt den Besuch.

Von Agios Leon schlängelt sich eine 4 km lange Straße hinunter zur Bucht von **Limnionas**. Der kleine Strand mit der Taverne *Il Tramonto*, die weithin für ihr Karotten-Tzatziki bekannt ist, und Felsgrotten, in denen das violett bis türkis-

Im Vergleich zum übrigen Griechenland ist Zakynthos zwar regenreich, doch schon immer musste man mit dem wertvollen Nass haushalten. Die venezianischen Zisternen halfen dabei

blau schillernde Wasser schmatzend aufbrandet, gilt als Geheimtipp.
Sehr lohnend ist der Abstecher nach **Girio**. Das höchstgelegene Dorf der Insel, das in einsamer Karstlandschaft fast schon auf Höhe des flachen Inselgipfels **Vrachionas** (756 m) liegt, wurde von den meisten Einwohner verlassen und gleicht mit seinen nur noch 30 Siedlern ein wenig einer Geisterstadt. Entsprechend ruhig geht es daher auch im freundlichen Dorfkafenion mit seiner Sammlung alter Landwirtschaftsgeräte zu.

Die urwüchsige Kargheit der Umgebung beeindruckt: Mühselig aufgeschichtete Trockenmauern und alte Karrenwege durchziehen die halbverlassene Agrarlandschaft, die von den Ruinen aufgelassener Windmühlen überragt wird. Wanderer nutzen Girio als Ausgangspunkt für Ausflüge zur *Höhle von Hagioti*, in die man sich allerdings nur mit einer Taschenlampe vorwagen sollte, und auf den Gipfel des Vrachionas, von dem sich eine herrliche Rundumsicht auf Zakynthos bietet.

TOP TIPP Die nächste Station dieses Ausfluges ist **Kambi**, das mit seiner tief eingeschnittenen, über 200 m lotrecht abfallenden *Schiza-Bucht* als bester Beobachtungspunkt für Sonnenuntergänge auf der Insel gilt. Im Sommer fahren Ausflugsbusse von den wichtigsten Badeorten zu den Tavernen, die ihre Stühle möglichst dicht an die Felskante setzen.

Das große weiße Kreuz am oberen Ende von Kambi wurde zur Erinnerung an Partisanen aufgestellt, die im griechischen Bürgerkrieg 1946-49 von den über 200 m hohen Klippen ins Meer gestoßen wurden. Die **Taverna Cross** in dessen Nähe wirbt nicht zu Unrecht damit, den schönsten Sonnenuntergangsblick der Insel zu bieten.

Von der Auffahrtsstraße führen wenige Schritte hinab zu den tiefen Schachtgräbern eines mykenischen Friedhofs.

Bei der Weiterfahrt Richtung Inselnorden erreicht man anschließend **Exo Chora**. Auf der Platia spielen die Einheimischen *Tavli* (Backgammon) im Schatten einer mächtigen Platane vor der rot gestrichenen Kirche *Agios Nikolaos*. Ein Dorfweg führt zu einem Bolzplatz mit venezianischen Zisternen.

TOP TIPP Von Exo Chora aus bietet sich die reizvolle Wanderung zu einem aussichtsreichen **venezianischem Küstenwachturm** aus dem Mittelalter an. Beim Kriegerdenkmal, das an die Opfer des Volksaufstandes gegen die deutsch-

Viel Platz für Sonnenbadende hat die Bucht von Limnionas nicht zu bieten, doch dafür scheint das Wasser hier noch klarer, noch türkiser zu sein als anderswo auf Zakynthos

Neben dem bodenständigen Speiseangebot ist es vor allem die unschlagbare Aussicht über die Schiza-Bucht, die den Aufenthalt in der Taverna Cross so angenehm macht

italienische Besatzung 1940 erinnert, führt zunächst eine Fahrstraße Richtung Küste. Die letzten, nicht asphaltierten Kilometer, wenn der einsam im Kalksteinkarst über der Almiras-Bucht Wache haltende Turm sichtbar wird, ermöglichen immer wieder herrliche Ausblicke auf das Meer (ca. zwei Std. hin und zurück, Wasser und Proviant in Exo Chora kaufen).

i Praktische Hinweise

Hotel

*******Mabely Grand Hotel**, Kambi, Tel. 26 95 04 13 02, www.mabely.com. Luxushotel mit 108 Zimmern und 73 Suiten, z.T. mit Privatpools, in traumhafter Lage. Restaurants und traditionelle Taverne, zwei Pools, Amphitheater und Weingut *Mabely Estate*.

Restaurants

Alitzerini, Kiliomeno, Tel. 26 95 04 85 52, Auf weiß eingedeckten Tischen auf der Terrasse oder im traditionellen Steinhaus serviert man Ochsenzunge und gefüllte Milz (*Splina gemista*). Spätabends Musik. Abends und im Winter nur an Wochenenden geöffnet.

Ampelostrates, Kiliomeno, Tel. 26 95 04 37 18, www.ampelostrates.gr. Herr Maroudas bereitet seiner Gerichte aus einheimischen, biologischen Produkten zu. Hier gibt es Wein aus eigener Produktion. Wer reiten möchte, kann beim Besitzer Pferde mieten.

43 Shipwreck Beach

TOP TIPP *Ein gestrandetes Schmugglerschiff macht die ohnehin schon traumhaft schöne Bucht zur Touristenattraktion.*

Die Reklametafeln kündigen es bei der Weiterfahrt von Kambi Richtung Norden eifrig an: Das griechische Postkartenmotiv schlechthin, der sog. **Navagio** oder **Shipwreck Beach** naht. Zwar kann man auch von Skinari und Agios Nikolaos im äußersten Norden der Insel zu diesem Strand schippern, doch die hübscheste Bootsfahrt beginnt in der malerischen Kalksteinbucht von **Ormos Vromi**, wo einst Maria Magdalena gelandet sein soll. Auch dort kann man ein kühlendes Bad nehmen, doch unvergesslicher ist das Schwimmen und Sonnen am ganz den Naturgewalten ausgesetzten Schiffbruchsstrand mit dem halb im kristallweißen Sand versunkenen Wrack. Es soll einem Zigarettenschmuggler gehört haben, der es Anfang der 1980er-Jahre auf der Flucht vor der Seepolizei den Elementen überließ.

Warum diese Glocken im Olivenbaum vor dem Kloster Agios Georgios Krimnon hängen ist nicht bekannt – schön anzusehen sind sie allemal

Das Kloster **Anafonitria** (tgl. 9–13 und 17–20 Uhr) zählt wie der Shipwreck Beach zum Standardprogramm organisierter Bustouren. Ein Kapern-überwucherter Wachtturm belegt, dass die Anlage auch als Wehrkloster diente. Über den idyllischen Innenhof betritt man die kleine Kirche, deren rustikale Schnitz-Ikonostase

Welch ein glücklicher Zufall, dass dieses als Wrack berühmt gewordene Schmugglerschiff nicht an den Klippen des Shipwreck Beach zerschellte, sondern so ansehnlich strandete

vergoldete Palmwedel zieren. Eine wundertätige Ikone ist mit Ringen behängt. Der Inselpatron Dionysios verbrachte hier seine letzten Lebensjahre und soll in dieser Zeit den Mörder seines Bruders auf der Flucht beherbergt und ihm sogar vergeben haben.

Wer den dramatischen Ausblick auf den Shipwreck Beach von oben genießen will, passiert Anafonitria und fährt weiter bis zum Kloster **Agios Georgios Krimnon** (tgl. 9–14, 17–20 Uhr), wo ein Bauernpaar Gebirgshonig verkauft. In einem Olivenbaum vor dem Hauptportal hängen geweihte eherne Glocken. Ein Foto wert ist der mit Pechnasen durchfensterte Wachtturm.

Nach der nächsten Kurve führt eine Stichstraße hinab zu einem verfallenen ehemaligen Restaurant, vor dem Händler Marmelade, Wein in Plastikflaschen und zakynthinisches Olivenöl anbieten. Ein paar Schritte weiter ist einem Sprungbrett gleich eine Rampe ins Nichts hinausgebaut, von der aus man schwindelnd aus über 100 m Fallhöhe auf den Schiffswrackstrand hinunterblickt. Ameisengroß erscheinen die Badenden in der weißsandigen Bucht mit dem türkisblau leuchtenden Wasser.

Allerlei Köstlichkeiten aus Zakynthos sind beliebte Andenken

44 Volimes und Kap Skinari

Windmühlen und Leuchttürme schmücken die Nordspitze von Zakynthos.

Volimes ist, gemäß seiner Lage am Hang, in die drei Ortsteile Kato (Unter), Meso (Mittel) und Ano (Ober) Volimes unterteilt. Von Interesse ist besonders die Kirche **Agia Paraskevi** in Meso Volimes aus dem Jahr 1633, die in ihrem Inneren mit schönen Fresken und Ikonen beeindruckt.

Das Warenangebot in Volimes ist auf die vielen Ausflugsbusse ausgerichtet, die den Ort passieren. Überall hängen billige und keineswegs handgefertigte Teppiche mit Schildkrötenmotiven zum Verkauf aus. Interessanter sind da schon die Stände, die Honig und die pikanten Bauernkäse *Ladotyri* und *Pretsa* anbieten.

Auf der Weiterfahrt zum **Kap Skinari** entfaltet sich ein großartiges Küstenpanorama, der Blick reicht bis zur 16 Seemeilen entfernten Nachbarinsel Kefalonia mit dem 1620 m hohen *Enos*. Am Kap selbst steht ein pittoresker Leuchtturm, zu dessen Füßen Boote zu den **Galazia Spilia**, den Grotten mit ihren vormittags besonders spektakulären Lichteffekten in den unterschiedlichsten Blautönen ablegen. Auch der Schiffswrackstrand wird von hier angefahren. Hübsch anzusehen sind zudem zwei restaurierte Windmühlen oberhalb der Höhlen, in denen man sogar übernachten kann.

Praktische Hinweise

Hotel

Lithies Studios-Apartments, Korithi, Tel. 26 95 03 11 54 oder 69 55 19 18 50 (mobil), www.lithies.gr. Herrliche Lage, große Zimmer, toller Blick. Die berühmten Grotten, der Leuchtturm und der ›Shipwreck Beach‹ befinden sich in unmittelbarer Nähe dieser charmanten Apartmentanlage.

Restaurant

Kaminaki, Volimes, Tel. 26 95 03 13 04, Mobil 69 77 29 44 08. Dionysios Fragojannis betreibt ein blitzsauberes Lokal mit eigener Grillhütte. Wunderbare Walnussbaklava.

In Korithi nahe der Nordspitze der Insel Zakynthos wurden zwei Windmühlen zu Apartments umgebaut – traumhafte Ausblicke sind inklusive

45 Von Agios Nikolaos nach Alykes

Fährhafen, Felsbuchten und Sandstrände entlang der Ostküste.

Agios Nikolaos ist der nördlichste Fischerhafen von Zakynthos. Von dem Ort gehen ganzjährig Autofähren nach Pesada an der Südküste Kefalonias ab. Im Übrigen gibt es hier nicht viel zu sehen, die wenigen Häuser und Lokale befinden sich an der Uferstraße.

An der Küste südlich von Agios Nikolaos verbergen sich in tief eingeschnittenen Felsbuchten einige der reizvollsten Strände der Insel. Gute Fischtavernen scharen sich in **Mikro Nisi** um einen verfallenen venezianischen Küstenturm – draußen im Meer liegt das namengebende ›kleine Inselchen‹. Die nächste Bucht heißt **Makris Gialos** (›langer Strand‹) und wird wegen der akkuraten Endlosreihe ihrer Mietliegestühle gern fotografiert.

Zur malerischen Felsenbucht von **Xingi** klettert man von der Kantina am Straßenrand über eine steile Betonrampe hinunter. Das Badevergnügen zwischen schroffen Kalksteinwänden wird allerdings manchmal durch den Geruch heilkräftiger Schwefelquellen beeinträchtigt – Ausflugsboote tuckern regelmäßig zu einer Sulphur-Grotte.

Katastari ist trotz seiner Enge ein charmant-altmodisches Straßendorf, in dem im Winter fast 3000 Menschen wohnen. Im Sommer arbeiten die meisten in dem auch bei Griechen beliebten Familienbadeort **Alykes**, der nach den aufgegebenen Salinen der Schwemmlandebene benannt ist. Der dortige lange Sandstrand wird von großen Musikcafés und Tavernen gesäumt.

Ein Tag am Meer klingt am besten in einer der Tavernen von Mikro Nisi aus

i Praktische Hinweise

Hotels

****Nobelos, Agios Nikolaos, Tel. 26 95 03 14 00, www.nobelos.gr. Beliebt für griechische Hochzeiten: Fotini Nobelou hat ihre Villa in ein Nobelhotel inklusive Bio-Restaurant verwandelt. Die im Gutshofstil renovierten vier Suiten mit einheimischem Kunsthandwerk haben allerdings auch ihren Preis.

***Archontiko, Katastari, Tel. 26 95 08 38 00, www.archontikovillas.com. Kleine Apartmentanlage im Stil eines Bauerndorfes aus umgebautem Landgut und sechs Bungalows, mit Pool und -bar.

*Asteria, Alykes, Tel. 26 95 08 40 59, Mobil 69 78 56 33 75. Der schattige Gastgarten direkt am Sandstrand ist ein guter Rückzugsort für einen Frappee. Einfachste Ferienzimmer.

Restaurants

La Storia, Agios Nikolaos, Tel. 26 95 03 16 35. Altmodische Fischtaverne am Meer günstiger Frischfisch und *Astakomakaronia* (Pasta mit Hummer).

TOP TIPP **Mikro Nisi**, Mikro Nisi, Tel. 69 73 05 06 80. Familie Stufis bringt Selbstgefischtes auf idyllischer Hafenterrasse auf den Tisch.

46 Tsilivis

Blauer Strand und Ölbaumhaine.

Das Baderesort Tsilivis liegt nur 5 km nördlich von Zakynthos-Stadt zu Füßen des Krioneri-Vorgebirges. Der familienfreundliche Sandstrand lockt mit vielfältigen Wassersportmöglichkeiten und darf sich mit der Blauen Flagge für Wasserreinheit und Umweltbewusstsein schmücken. Schöner wohnt man allerdings im Hinterland in Tragaki und Planos, wo zwischen Olivenhainen reizvolle Hotels im Dorfstil entstanden sind.

Bestens ausgeschildert ist das **Milanio Maritime Museum** (Tel. 26 95 04 24 36, www.milaniomaritimemuseum.gr, tgl. 9–21 Uhr), das mit viel Engagement Schiffsmodelle und Seefahrerausrüstung von der Antike bis zur Gegenwart präsentiert.

Nordwestlich von Tsilivis locken zwischen Alikanas und dem Kap Gaidaros, das hohe Wellen abblockt, beschauliche Badestrände wie *Psarou* und *Drosia*. Hübsche Ausflugsziele sind auch *Pachys Ammos*, das trotz seines hochtrabenden Namens ›Dicker Sand‹ eher schmal und nicht steinfrei ist, sowie *Bouka* mit einer hübschen Pergola-Taverne.

Eine kurvenreiche und hügelige Uferstraße führt von Tsivilis aus um das Kap

Spannend für Jung und Alt: die Ausstellung heimischer Flora und Fauna des Naturkundemuseums Helmis in Agia Marina gilt als eine der vielversprechendsten in Griechenland

Krioneri mit einer schmucken restaurierten Kapelle zu den kieselig-felsigen Stadtstränden von Zakynthos-Stadt.

Praktische Hinweise

Einkaufen

TOP TIPP **Adamieion**, Marineika (Planos), Tel. 26 95 06 24 00, www.adamieion.com. Im Atelier der jungen Keramikkünstlerin Dionysia Avouri gibt es glasierte Terrakotta-Schildkröten und von der Familie produziertes Olivenöl. Töpferkurse für Kinder und Erwachsene.

Hotels

*****Ktima Kourou**, Tragaki, Tel. 26 95 06 52 30, Mobil 69 73 24 62 82, www.ktimakourou.com. Familie Stroumbakos hat fünf steingefügte Landhäuser zu einem der schönsten Feriendörfer der Insel vereint.

****Paliokaliva Village**, Tragaki, Tel. 26 95 06 37 70, Mobil 69 73 74 97 53, www.paliokaliva.gr. Das kleine Hoteldorf besteht aus zehn unterschiedlich großen, rustikalen Steinhäusern.

***Neraida Studios**, Tsilivis, Tel. 26 95 04 41 25, www.neraidastudios.gr. Acht schlicht, aber funktionell eingerichtete Studios mit Kochgelegenheit.

Restaurant

Balcony, Akrotiri Tsilivis, Tel. 26 95 02 61 79, www.balcony-zante.gr. Das Restaurant und Café im gleichnamigen Hotel bietet den schönsten Blick auf Tsilivis.

47 Riza

Wallfahrtskirchen, Nonnenklöster und fruchtbare Felder.

Die Landschaft der Riza besticht durch ihre fruchtbaren Weinfelder und Olivenhaine, aber auch durch die ruhigen, traditionellen Dörfer.

Bei **Pigadakia**, einem Ort am westlichen Rand der Riza, findet sich inmitten von Weinbergen in einem magentarot gestrichenen Gehöft das volkskundliche *Vertzagio Museum* (tgl. 9–14 und 17–20 Uhr). Eine Fülle bäuerlicher Gebrauchsgegenstände wurde hier zusammengetragen. In einer Ölbaumkrone schwebt ein luftiges *Baumhaus* (*Vergakia*), in dem früher Landarbeiter unterschlüpfen konnten, ohne dass dafür kostbares Ackerland verschwendet worden wäre.

In der Kirche *Agios Panteleimon sta Pigadakia* lässt sich unter dem bunt verglasten Altar aus einer Quelle heilkräftiges Wasser schöpfen.

Winzige Straßen führen in die Agrar-Dörfer an der hügeligen Westflanke des Vrachionas, wo im Herbst blaue Trauben in der Sonne zum Trocknen ausgelegt sind – die berühmten Korinthen!

Über Kallithea erreicht man **Agia Marina** mit einem besonders malerischen himmelblauen venezianischen Campanile, der nach dem Beben in alter Schönheit wiederaufgebaut wurde. Nicht immer geöffnet ist dort das auch für Kinder interessante Naturkundemuseum *Helmis* (Tel. 2695065040, www.museumhelmis.gr, Mai–Okt. tgl. 9–18, Nov.–April tgl. 9–14 Uhr), das Steine, Muscheln sowie ausgestopfte Fische und Vögel ausstellt. Von der mit *Dennis Place* ausgeschilderten Taverne hoch über dem Ort bietet sich ein besonders weiter Blick auf die fruchtbare Riza-Ebene und die Hügel von Gerakari.

In der Taverne *To Ladofanaro* (Tel. 2695065180) in einer früheren Ölpresse am Ortsrand von Galaro kommen u.a. Perlhuhn und Kaninchen auf den Tisch.

Viele der alten Häuser im großen Dorf **Macherado** sind von Obsthainen und Ölbergen umgeben. Der Ort gehört mit seinen vielen Einkehrmöglichkeiten, die sich um den großzügigen Platz vor der Kirche *Agia Mavra* (14. Jh.) gruppieren, zu den lebendigsten Inseldörfern. Angeblich hört man den Glockenschlag des Campanile über die ganze Insel. Im Innenraum des Gotteshauses stellt eine silbergetriebene Ikone das grausige Martyrium der ägyptischen ›schwarzen‹ Heiligen Maura und ihres Gatten Timotheos dar, die beide den Kreuzestod starben. Von der spätmittelalterlichen venezianischen *Ypapanti-Kirche* einige Straßen weiter blieb ein eindrucksvoller Glockenturm erhalten.

Ein besonderes Erlebnis ist der Besuch des in den 1960er-Jahren errichteten Klosters **Agia Eleftherotria** (7–12, 16 Uhr–Dämmerung), das gleich einem morgenländischen Fantasiebau den südlichen Ortsrand überragt. Eine Nonne führt durch die ausgemalte Kirche und den Gartenhof, in dem Singvögel zwitschern und zeigt den größten Schatz der frommen Schwestern: eine Steinsammlung, die an den biblischen Schauplätzen des Heiligen Landes zusammengetragen wurde.

Zum Ausklang der Tour kommen schließlich die **Weinliebhaber** auf ihre Kosten: Bei Lagopodo (1 km südl.) empfängt Griechenlands ältestes Weingut *Comoutos* [s. S. 128]. Sein traditioneller weißer Verdea reift zunächst 10 Monate in Eichenfässern und anschließend ein Jahr in der Flasche. In Kallipado haben die Betreiber von *Callinico*, dem größten Weingut der Insel, ein kleines Museum (Tel. 2695061547, Mo–Sa 9–20 Uhr) zur Herstellung des edlen Tropfens eingerichtet.

Die Behauptung, der Ruf der Glocken der Kirche Agia Mavra in Macherado sei auf der ganzen Insel zu hören, mag zwar zweifelhaft sein, doch zumindest zwei Gläubige haben ihn gehört

ADAC
Reisemagazin
Budapest
Großer Auftritt
Reisemagazin
Baskenland
Spaniens wilder Norden
Reisemagazin
Südengland
Jetzt erst recht!
Reisemagazin
München
Da schau her!
ADAC
Nr. 151
Reisemagazin
Kultur — Die geheimnisvollen Klänge der Berge
Genuss — Eine Region geht kulinarisch ans Eingemachte
Aktivität — Die hohe Kunst des Fliegenfischens
Dolomiten im Trentino
Zum Dahinschmelzen
Foto: © Fotolia.com
Alle zwei Monate neu!

Korfu und die Ionischen Inseln aktuell A bis Z

Vor Reiseantritt

ADAC Info-Service:
Tel. 0800/5101112 (gebührenfrei)

Unter dieser Telefonnummer oder bei den ADAC Geschäftsstellen können ADAC Mitglieder kostenloses Informations- und Kartenmaterial anfordern.

ADAC im Internet:
www.adac.de,
www.adac.de/reisefuehrer

Korfu und die Ionischen Inseln im Internet:
www.corfuvisit.net, www.kefalonia-ithaca-hotels.gr, www.zakynthos.net.gr, www.ecozante.com

Griechische Zentrale für Fremdenverkehr (GZF):

Deutschland
Holzgraben 31,
60313 Frankfurt/M.,
Tel. 069/2578270, www.gzf-eot.de

Österreich
Opernring 8, 1010 Wien,
Tel. 01/5125 3170

Griechenland im Internet:
www.visitgreece.gr
www.culture.gr
www.grhotels.gr

Allgemeine Informationen

Reisedokumente

Gültiger Personalausweis oder Reisepass, Kinder unter 12 Jahren benötigen einen Kinderreisepass.

Kfz-Papiere

Nötig sind Führerschein und Zulassungsbescheinigung Teil 1. Die Internationale Grüne Versicherungskarte ist sehr zu empfehlen, ebenso Kurzkasko- und Insassenunfallversicherung.

Krankenversicherung

Die Europäische Krankenversicherungskarte ist in die übliche Versicherungskarte integriert, gilt während eines vorübergehenden Aufenthalts im EU-Ausland und gewährt den Zugang zu medizinischen Versorgungsleistungen.

Sicherheitshalber empfiehlt sich jedoch der Abschluss (z.B. beim ADAC) einer zusätzlichen Auslandskrankenversicherung mit Rückholservice.

Haustiere

Für Hunde und Katzen müssen im EU-Heimtierausweis die Kennzeichnung des Tieres durch Mikrochip und eine gültige Tollwutimpfung (Erstimpfung mindestens 21 Tage vor Grenzübertritt) eingetragen sein.

Zollbestimmungen

Es ist streng verboten, **Antiquitäten** aus Griechenland auszuführen! Ebenfalls hart bestraft wird die Mitfuhr von Verteidigungssprays.

Der Reisebedarf für den persönlichen Gebrauch darf abgabenfrei mitgeführt werden. Richtmengen für Reisende aus den **EU-Ländern** sind: 800 Zigaretten, 400 Zigarillos, 200 Zigarren, 1 kg Tabak, 10 l Spirituosen, 20 l Zwischenerzeugnisse, 110 l Bier, 10 kg Kaffee. Infos: www.zoll.de, www.bmf.gv.at/zoll

Für Reisende aus der **Schweiz** gelten: 250 Zigaretten/Zigarren oder 250 g Tabak, 5 l alkoholische Getränke bis 18% Vol. und 1 l alkoholische Getränke über 18% Vol. Infos: www.ezv.admin.ch

Geld

Die gängigen Kreditkarten werden meist nur in größeren Hotels, Geschäften und Restaurants akzeptiert. An Bankautomaten (Maestro oder V PAY) kann man rund um die Uhr Bargeld abheben.

Tourismusämter im Land

Auf den Ionischen Inseln unterhält die Griechische Zentrale für Fremdenverkehr, **Ellenikos Organismos Tourismou (EOT)** drei Info-Büros:

Korfu: 49100 Korfu-Stadt (Kerkyra), Alikes Potamov,
Tel. 2661037520

Kefalonia: 28100 Argostoli, Provlita, Teloniou, Tel. 26 71 02 22 48

Tourist Info Zakynthos: Molos Agiou Dionyssiou, Zakynthos-Stadt, Tel. 26 95 02 54 28

Auch die blau uniformierte **Polizei** kann weiterhelfen. Weitere Informationsstellen sind private Agenturen, die Flug- und Fährtickets, Ferienwohnungen und Ausflüge vermitteln.

Informationen in englischer Sprache u.a. über Flug- und Schiffslinien, Busverbindungen, Hotels u.ä. enthalten die Greek Travel Pages (www.gtp.gr).

Gesundheit

Medikamente sind teils nicht oder nur in anderer Zusammensetzung/Dosierung als im Heimatland erhältlich. Es empfiehlt sich, eine individuelle Reiseapotheke zusammenzustellen und mitzunehmen.

Apotheken (*Farmakeion*) sind kenntlich am grünen Kreuz im Kreis, allerdings öffnen sie zuweilen nur vormittags. Notdiensthinweise finden sich an der Türe.

Service und Notruf

Notruf: Tel./Mobil: 112 (EU-weit: Polizei, Unfallrettung, Feuerwehr)

Pannenhilfe: Tel. 104 00

ADAC Info Service
Tel. 0800/510 11 12 (gebührenfrei, Mo–Sa 8–20 Uhr)

ADAC Pannenhilfe Deutschland
Tel. 0180/2 22 22 22 (dt. Festnetz 6 Cent/Anruf); Mobil-Kurzwahl: 22 22 22 (Kosten je nach Netzbetreiber/Provider)

ADAC Partnerclub: Automobil- und Touring-Club von Griechenland (Ellinikí Léschi Periigíseon kai Aftokinítou, ELPA), Mesogeion Avenue 395, 15343 Athen, Tel. 21 06 06 88 00, www.elpa.gr

ADAC Notruf aus dem Ausland
Tel. +49/89/22 22 22 (24 Std.)

ADAC Ambulanzdienst München
Tel. +49/89/76 76 76 (24 Std.)

ÖAMTC Schutzbrief-Nothilfe
Tel. +43/1/251 20 00 (24 Std.), www.oeamtc.at

Einsatzzentrale TCS-ETI-Schutzbrief
Tel. +41/58/827 22 20 (24 Std.), www.tcs.ch

Diplomatische Vertretungen

Deutsche Botschaft, Karaoli Dimitriou 3, 10675 Athen, Tel. 21 07 28 51 11, www.athen.diplo.de

Deutsches Honorarkonsulat, Kapodistriou 23, 49100 Korfu-Stadt, Korfu, Tel. 26 61 03 68 16

Österreichische Botschaft, Vasilissis Sofias 4, 10674 Athen, Tel. 21 07 25 72 70, www.bmeia.gv.at/botschaft/athen

Schweizer Botschaft, Iassiou 2, 11521 Athen, Tel. 21 07 23 03 64, www.eda.admin.ch/athens

Besondere Verkehrsbestimmungen

Tempolimits in km/h: innerorts 50, Motorrad 40. Außerhalb geschlossener Ortschaften Pkw und Wohnmobil 90 bzw. 110 (Ausschilderung), Gespann 80, Motorrad 70. Auf Autobahnen Pkw und Wohnmobil 130, Gespann 80, Motorrad 90.

Promillegrenze: 0,5. Für Motorradfahrer und Personen, die den Führerschein noch keine zwei Jahre besitzen, gilt 0,2.

Von Deutschland abweichende Bestimmungen: Im Kreisverkehr haben einfahrende Fahrzeuge Vorfahrt, so nicht ein Verkehrszeichen die Situation anders regelt. Gelb markierte Straßenränder bedeuten Parkverbot. An Pkw darf tagsüber das Abblendlicht nicht eingeschaltet sein. Ausnahmen gelten bei schlechten Sichtverhältnissen und für Fahrzeuge mit automatischem Tagfahrlicht. Für alle in Griechenland zugelassenen Kfz ist die Mitnahme eines Feuerlöschers vorgeschrieben.

Es ist untersagt, in einem Fahrzeug zu rauchen, in dem sich minderjährige Personen unter 12 Jahren befinden.

Die Straßenwachtfahrer des ELPA leisten täglich rund um die Uhr Pannenhilfe. Sie ist unter der Rufnummer 104 00 anzufordern. Im Rahmen der ADAC *Plus*Mitgliedschaft werden die Kosten zur Pannenbehebung und die Abschleppkosten bis zu jeweils 300 € erstattet. Für ADAC Mitglieder ohne ADAC *Plus*Mitgliedschaft ist die Hilfeleistung kostenpflichtig.

Sicherheit

Im Allgemeinen zählen die Ionischen Inseln zu den sichersten Reisegebieten Europas. Auch alleinreisende Frauen werden eher selten von *Kamakis* (kleine Harpunen), wie notorische Anmacher auf Griechisch heißen, belästigt. Bei den mitternächtlichen Alkoholexzessen und *pub crawls* in einigen Hochburgen des Massentourismus kann es vereinzelt zu Übergriffen betrunkener Touristen kommen.

Zeit

Der Zeitunterschied zu Deutschland beträgt plus 1 Stunde. Die Sommerzeit beginnt und endet wie in Mitteleuropa.

Anreise

Auto

Autoreisende sollten sich beim ADAC über die Mautgebühren in den Transitländern erkundigen. Am einfachsten ist es, sich in einem italienischen Adriahafen direkt nach Korfu oder Igoumenitsa und Patras auf dem Festland einzuschiffen. Nähere Informationen s.u.

Bus

Die Deutsche Touring GmbH fährt einmal wöchentlich von verschiedenen deutschen Städten über Österreich und Italien nach Igoumenitsa, die Fähre zum griechischen Festland ist jedoch nicht im Fahrpreis enthalten. Die Strecke etwa von München nach Igoumenitsa dauert rund 29 Stunden. Von Igoumenitsa bestehen Fährverbindungen nach Korfu.

Deutsche Touring, *Deutschland*
Frankfurter Straße 10-14, Eschborn,
Tel. 061 96/207 85 01 www.eurolines.de

Deutsche Touring, *Österreich*
Erdbergstraße 200 A, Wien, Tel. 09 00/12 87 12 (0,39 €/Min), www.eurolines.at

Deutsche Touring, *Schweiz*
Rue du Mont Blanc 14, Genf,
Tel. 02 27/16 91 20, www.eurolines.ch

Fähre

Direktverbindungen nach Korfu bestehen von Venedig und Bari aus. Die übrigen Ionischen Inseln erreicht man mit Fähren via Igoumenitsa, Patras oder Kyllini. Von Korfu bestehen nur Direktverbindungen nach Paxos, nicht jedoch zu den südlichen Ionischen Inseln. Informationen zu Fährverbindungen und Preisen sind erhältlich bei der Griechischen Zentrale für Fremdenverkehr (GZF), beim ADAC [s. S. 123] sowie direkt bei den folgenden Fährgesellschaften:

Anek Lines, über ADAC Fähren, Tel.022 71/666 16, www.anek.gr. Fährverbindung von Venedig nach Igoumenitsa und Korfu.

Minoan Lines, über ADAC Fähren, Tel. 28 10 39 98 00, www.minoan.gr. Fährverbindung von Ancona, Triest, Ravenna über Igoumenitsa nach Korfu.

Superfast Ferries, Herrenholz 10-12, Lübeck, Tel. 0451/88 00 61 66, www.superfast.com. Fährverbindung von Bari nach Korfu, allerdings nur in der Hochsaison. Von Bari und Ancona ganzjährig nach Igoumenitsa.

Flugzeug

Korfu, Zakynthos (Zante) und Preveza (Lefkadas Festlandsflughafen) werden von Mai bis Oktober regelmäßig durch **Charterfluggesellschaften** von deutschen, österreichischen und Schweizer Flughäfen aus angesteuert. Flüge nach Kefalonia sind seltener und teurer, hier bietet sich der Umweg über Zakynthos und die Weiterfahrt mit der Fähre vom Hafen in Sami an. Ganzjährig fliegen von Athen **Aegean Airlines** und **Olympic Air** nach Korfu und Letztere außerdem nach Kefalonia und Zakynthos.

Corfu Island International Airport I. Kapodistrias, Tel. 26 61 08 96 00

Aktion Airport Preveza, Tel. 26 82 02 61 13

Kefalonia Island International Airport, Tel. 26 71 02 99 00

Zakynthos International Airport D. Solomos, Tel. 26 95 02 95 00

Bank, Post, Telefon

Bank

Banken (*Trapeza*) öffnen meist Mo–Do 8–14.30, Fr 8–14 Uhr. Bankautomaten gibt es in allen Städten und Tourismuszentren, in kleineren Orten sind sie jedoch selten.

Post

Postämter (*Tachydromeía*) sind meist Mo–Fr 7.30–14/15 Uhr geöffnet.

Telefon

Internationale Vorwahlen
Griechenland 00 30
Deutschland 00 49
Österreich 00 43
Schweiz 00 41

In Griechenland sind die Teilnehmernummern zehnstellig. Die früheren Vorwahlen wurden integriert und müssen bei Ortsgesprächen mitgewählt werden.

Telefonauskunft: Tel. 118 88

Am günstigsten telefoniert man ganz altmodisch über die halbstaatlichen Telefonämter der **Organismos Tilepikoinonion Ellados** (OTE). Für Ferngespräche wählt man selbst in einer Kabine und zahlt anschließend am Schalter. Von 22 bis 6 Uhr gilt der Billigtarif.

Das Kartentelefon ist auf den Ionischen Inseln selbstverständlich geworden. In OTE-Büros sowie an Kiosken bekommt man Telefonkarten zu 4 bis 25 €.

Die Benutzung handelsüblicher **GSM-Mobiltelefone** ist auf den Ionischen Inseln möglich.

In den meisten größeren Badeorten findet man auch **Internetcafés**.

Einkaufen

Die **Öffnungszeiten** der Geschäfte variieren zum Teil beträchtlich. Als Richtwert gilt Mo–Fr 9–13.30 und 16–20 Uhr, Sa oft nur vormittags 9–14 Uhr. Doch gerade in touristischen Ballungszentren halten viele Boutiquen abends bis 22 Uhr sowie So ihre Türen offen. Hingegen schließen eher von Einheimischen frequentierte Läden oft auch an einem Wochentag (meist Mo).

Souvenirs

Neben den allgemein üblichen Griechenlandsouvenirs wie Antikenkopien, Ouzoflaschen oder gewobenen, häufig sehr bunten *Tagari*-Tragetaschen bietet jede Insel ihre eigenen traditionellen Andenken. Auf **Korfu** sehen die meisten Besucher erst einmal orange angesichts der Fülle von *Kumquats-Produkten*. Diese Zitrusgewächse mit der sauren Schale und dem süßen Inneren werden als Likör, Marmelade und kandierte Früchte feilgeboten. Originell sind auf der Insel der Ölbäume die *Olivenölseifen* der alteingesessenen Seifensiederei Patounis am Rand von Korfu-Stadt (Iannou Theotokou 9, Tel. 26 61 02 07 02). Korfu-Stadt bietet neben modernen Boutiquen griechischer Modemacher zudem auch hervorragende Silberschmiedearbeiten, etwa byzantinische *Silberostereier*. Auf **Paxos** wird eines der besten *Olivenöle* des Mittelmeers erzeugt. Karya auf **Lefkada** ist berühmt für *Seidenstickereien* und *Flokati-Teppiche*, ein kulinarisches Mitbringsel sind die teuren *Linsen* aus Englouvi. Auf **Ithaka** gibt es jede Menge Bücher und Comic Strips über *Odysseus* zu kaufen, während man aus **Kefalonia** einige Flaschen *Robola-Wein* mitnehmen sollte. Die Andenkenindustrie auf **Zakynthos** schließlich steht ganz im Banne der *Schildkröten*, in Keramikateliers und Juwelierläden sind stilvolle Vasen oder Schmuckgegenstände in entsprechendem Design zu erstehen. Wer unterwegs *Inselhonig* vom Bauern kauft, hat noch lange Freude an einem vorzüglichen ionischen Produkt.

Über 100 Jahre alte **Kunstgegenstände** dürfen nicht oder nur mit Sondergenehmigung ausgeführt werden. Bei teuren *Ikonenkopien* wird ein Zertifikat benötigt!

Essen und Trinken

Ein beliebter Scherz besagt, dass ein griechisches Frühstück (*Proino*) allenfalls aus einem süßen Elliniko-Kaffee und zwei Zigaretten besteht, um sich nicht den Appetit für das Mittagessen zu verderben. Auch bessere Hotels servieren wenig mehr als süßen Kuchen, weiches Weizenbrot, Butter und Marmelade – doch erfreulicherweise fast immer rahmigen *Iaourti* (Joghurt) mit *Meli* (Honig). Für heimwehkranke Angelsachsen ist beinahe überall auf Korfu und Zakynthos ganztägig das *Full British Breakfast* mit *Bacon* und schwarzem *Blutwurstpudding* erhältlich.

Die Hauptmahlzeiten werden später eingenommen als in Mitteleuropa. Mittags setzt man sich meist nach 13 Uhr, oft auch erst zwischen 14 und 15 Uhr zu Tisch, abends nicht vor 20 Uhr. Wer früher Hunger hat muss sich allerdings keine Sorgen machen, in den touristisch erschlossenen Gegenden bekommt man auch schon eher etwas zu essen. Ruhetage sind in der Sommersaison nicht üblich, viele der empfohlenen Restaurants schließen aber im Winter oder öffnen dann nur an Wochenenden.

Restaurants

Unter den Restaurants unterscheidet man in Griechenland folgende Feinheiten:

Estiatorio: traditionelles ›Speisehaus‹, häufig in einer etwas gehobenen Preisklasse.

Taverna: gemütliche Gaststätte, oft mit Terrasse, Garten oder Pergola, in der man ein behagliches mehrgängiges Mahl mit *Orektika* (Vorspeisen) und Hauptgericht zu sich nimmt.

Hungrig muss von den Tischen der Ionischen Inseln niemand aufstehen

Kaninchenstifado und Drachenkopfsuppe – ionische Inselküche

Eine besondere Stärke der ionischen Küche sind die **Vorspeisen** (*Mezedes* oder *Orektika*). Auch einfachste Tavernen werden immer Leckereien wie gebackenen Schafskäse (*Saganaki*), Fischrogencreme (*Taramosalata*) oder Gigantenbohnen anbieten. Wer sich durchprobieren will, bestellt den bewährten Vorspeisenteller (*Pikilia*). Besonders wohlschmeckend sind *Revithokeftedes* (Kichererbsenpuffer), zakynthischer Mohrrübentzatziki oder pikante Inselkäse wie *Ladotyri* in Öl. Auf Ithaka hat sich *Savoro*, die Urform der venezianischen *Sarde in Saor* erhalten, mit blauen Korinthen, Pinienkernen, Olivenöl, Essig und Origano marinierte Backfischchen.

Der griechische **Bauernsalat**, verfeinert mit Inselkapern, ionischen Oliven, einheimischem Schafsmilchfeta, Wildthymian und süßen Tomaten kann eine wahre Delikatesse sein. Dazu mundet das wunderbar aromatische, schwere Weizenbrot, das viele Bäckereien traditionell herstellen.

Bei den **Fleischspeisen** wählt man zwischen Gegrilltem wie Lammkoteletts oder *Souvlaki*, Gekochtem und (seltener) Gebackenem. Korfiotische Köche haben ein Händchen für *Stifado*, stundenlang mit weißen Zwiebeln, Tomaten und Zimt geköcheltem Kaninchen. Beliebt ist auch *Kokkinisto*, Fleisch in roter Sauce, wozu als bittere Beilage *Chorta* (gegarte Wildkräuter) passt. Lamm oder Ziege aus dem Backofen (*Tou fournou*), auf Kleftenart (*Kleftiko*) oft bis zu acht Stunden gegart, kann eine Offenbarung sein. Die Kleften waren Viehdiebe, die ihr Fleisch unter einer dichten Erdschicht garten, um die Rauchentwicklung – und so ihre Entdeckung – zu vermeiden.

Die Krönung der ionischen Inselküche sind **Fische** und **Krustentiere**. Lassen Sie sich am besten den Fang des Tages zeigen – je glasiger die Augen, desto frischer die *Tsipoura* (Meerbrasse), *Lithrinia* (Steinbrasse) oder *Barbounia* (Rotbarbe). Hummer (*Astakos*) wird gern in frischem Knoblauchkräutersugo mit Spaghetti serviert. Köstlich munden auch *Garides saganaki*, in Tomatenfetasauce geschmorte Krabben. Meist eine preiswerte Alternative sind frittierte Sardinen (*Marides*) oder Kalamares. Korfu ist berühmt für sein *Bourdeto*. Die nach dem italienischen *Brodetto* (Brühchen) benannte pikante Fischsuppe schmeckt am besten, wenn frischer *Skorpios* (Drachenkopf) verwendet wird.

Desserts isst man am besten nicht im Restaurant (wo frisches Obst wie Melone oder Trauben zu empfehlen sind), sondern besucht eines der vorzüglichen ionischen **Sacharoplastia**, wo Torten und Schokoladen meist in gekühlten Vitrinen prunken.

Psarotaverna: Fischrestaurant, meist mit offenem Grill.

Psistaria: Grilllokal mit Bratspieß, das nur wenige Vorspeisen führt, dafür aber Berge an Lammkoteletts (*Paidakia*) oder Schweinekarbonaden (*Brizola*) auf riesigen Grillgestellen röstet. Die Mini-Souvlakis werden meist traditionell nach Zahl, das Bratgut nach Gewicht abgerechnet, fast immer gibt es Gyros.

Kafenion: traditionelles Kaffeehaus, das in Dörfern als *Kafepantopolion* auch als einziger Tante-Emma-Laden fungieren kann.

Sacharoplastio: ›Zuckerformerei‹. Das Angebot der berühmten ionischen Konditoreien reicht von Orientalisch-Honigtriefendem wie *Baklava*, *Halva* und *Kadaifi* bis zu Venezianischem wie *Mandolato* und französischem Schokoluxus. Manchmal gibt es einige Sessel zum Sitzen und Kaffeetrinken.

Ouzeri: Ouzokneipe. Die Schnapswirtschaft, in der man kleine *Mezedes*-Tellerchen zum Anis reicht, war fast ausgestorben, erlebt jedoch ein Revival.

Retsina oder Robola – ionischer Wein

Schon Odysseus konnte, als er auf seine Heimatinsel Ithaka zurückkehrte und vom Schweinehirten Eumaios bewirtet wurde, kaum genug bekommen vom Wein seiner Heimat. Tatsächlich kann eine Erkundungsreise in die Welt des ionischen Weins zu lohnenden Geschmackserlebnissen führen. Das Klima der Inseln mit ihren reichen Regenfällen im Winter und den hohen Temperaturen im Sommer, der hohe Salzgehalt in der Luft und der steinige Boden sorgen für den besonderen Geschmack der hiesigen Weine.

Aushängeschild ist **Kefalonia**, wo der mineralische weiße *Robola* gekeltert wird, den schon James Bond 1981 ›in tödlicher Mission‹ schlürfte. Sein frischer Geschmack, der an Zitrone, Pfirsich und sogar Äpfel erinnert, macht ihn in der griechischen Sommerhitze zu einem idealen Getränk. Als einziger ionischer Wein darf er das Siegel OPAP (Onomasia Proelefseos Anoteras Piotitos) tragen und kann sich auch mit edlen Tropfen wie Brunello oder Chablis messen. Wer ihn als Andenken mit nach Hause nehmen will, sollte ihn allerdings innerhalb von zwei Jahren trinken.

Fast ausschließlich auf Kefalonia kommen die Thiniatiko-Trauben vor. Besonders zu der Inselspezialität *Kreatopita Kefalitiki*, einem Fleischauflauf, sei der aus ihnen gewonnene leichte und dennoch geschmackvolle *Ktima Calliga* empfohlen. Mit dem muskatigen *Moschofilero* und dem großartigen, nach Beeren und Kirschen schmeckenden *Orgion* aus Mavrodafni wird zudem die Dessertweintradition hochgehalten. Unter Beigabe verschiedener anderer Trauben gewinnt die Weinbauernkooperative Kefalonia aus der Mavrodafni-Rebe übrigens auch den Rosé-Wein *Brillante*.

Auf **Lefkada** wird vornehmlich die Traube Vertsami angebaut, eine Weinrebe, die von den Venezianern im Laufe ihrer 700-jährigen Herrschaft auf die Insel gebracht wurde und mit der Marzemino-Sorte aus dem Trient verwandt ist. Aus dieser Traube wird ein trockener Rotwein gekeltert. Auf **Zakynthos**, der Insel der Korinthen, wächst insbesondere die Verdea-Traube, aus ihr wird ein leicht süßer, säurehaltiger Weißwein gewonnen. **Korfu** schließlich ist eine Fundgrube lokaler Rebsorten, unter denen der blutrote trockene *Petrokoritho* und der liebliche weiße *Kakotrigis* hervorstechen.

Der geharzte **Retsina**, den viele Besucher in erster Linie mit griechischem Wein verbinden, stammt in aller Regel aus Attika, doch zumindest auf Zakynthos produziert ihn die Kelterei Solomos. Sein Geschmack ist gewöhnungsbedürftig, doch eine Probe wert.

Ausgewählte Weingüter

Comoutos, Zakynthos, Macherado, Tel. 26 95 09 22 84, www.comoutos.gr, 9–13, 17–20 Uhr. Griechenlands ältestes Weingut von 1638 hat auf Bioproduktion umgestellt.

Gentilini Winery, Minies, Kefalonia, Tel. 26 71 04 16 18, www.gentilini.gr. Eines der weltweit führenden Weingüter Griechenlands. Hervorragender Moschofilero-Rosé.

Lithies Houses, Vasilikos, Tel. 26 95 03 52 90, www.lithieshouses.gr. Ökologisches Landgut mit eigenem Weinbau, Rot und Weiß.

Sotiris Livadiotis, Chalikouna, Korfu, Tel 06 61 28 482. Exzellenter weißer Kakotrygis. Unregelmäßig geöffnet.

Weinbauernkooperative Kefalonia, Omala, Tel. 26 71 08 63 01, www.robola.gr, Mai–Okt. Mo–Fr 7–20, Sa, So 9–20 Uhr; Nov.–April Mo–Fr 7–15 Uhr. Selbstbedienungsdegustation und guter Überblick über die Inselproduktion.

Tischsitten

Speisekarten (*Timokatalogos*, *Katalogos*) sind mittlerweile fast überall zweisprachig. Trotzdem kann man auch wie die Einheimischen nach den Tagesspezialitäten fragen oder sich den frischen Fisch zeigen (Preis nach Gewicht) lassen. Im Idealfall kommt dann in großen Schüsseln auf den Tisch, was gerade fertig ist, und die Tischrunde (*Parea*) bedient sich gemeinschaftlich. Beim Bezahlen wechseln sich die Teilnehmer der Parea ab.

Die Rechnung (*Logariasmo*) enthält meist einen maßvoll berechneten Aufschlag für Brot, Besteck, Öl und Essig. Die Bedienung ist normalerweise in dem auf der Karte genannten Preis enthalten. Üblicherweise lässt man ein Trinkgeld von 5 bis 10 % auf dem Tisch liegen.

Getränke

In Griechenland unverzichtbar ist das überall erhältliche Mineralwasser, ob mit oder ohne Kohlensäure (*Metalliko nero*). An süßen Erfrischungsgetränken gibt es Orangen- (*Portokalada*) und Zitronenlimonade (*Lemonada*). Empire-Nostalgiker haben ihre Freude an korfiotischem alkoholfreien Ingwerbier (*Tzitzibira*).

Der hellenische Beitrag zur globalen Kaffeekultur ist der **Frappee**, schaumig geschlagener eiskalter Nescafé, den man auch mit Milch (*me gala*) ordern kann. Der traditionelle Griechische Kaffee (*Elliniko*) ist relativ stark. Da der Kaffeesatz in der Tasse verbleibt, sollte man ihn nur vorsichtig nippend genießen. Der Zuckergrad wird schon bei der Bestellung festgelegt: *sketo* (ohne), *metrio* (maßvoll) oder *glyky* (süß).

Den griechischen Markt für **Bier** teilen sich Carlsberg, Heineken und Amstel mit dem griechischen *Mythos*, einem untergärigen, relativ leichten Lager-Bier. Daneben gibt es die ähnlich schmeckenden Sorten Athena, Marathon und Zorbas. In britischen Resorts wird eine erstaunliche Auswahl an Lagers, Real Ales und Guinness gezapft, auch deutsche Importbiere sind erhältlich. Mit seiner lokalen Sortenvielfalt eine eigene Entdeckungs-Reise wert ist ionischer **Wein** [s. S. 128]. Unter den **Spirituosen** hat sich der Metaxa, ein mit einer Kräutermischung versetzter Weinbrand, international zu einem griechischen Markenzeichen entwickelt. An Schnäpsen werden neben dem bekannten *Ouzo* (aus Anis) auch *Raki* (deutlich stärker, aus Trester) hergestellt.

Feiertage

Gesetzliche Feiertage: 1. Januar (Protochronia, Neujahr), 6. Januar (Theofania, Dreikönigstag), Februar (Beginn der Fastenzeit mit der Kathari Deftera, dem Reinen Montag), 25. März (Ethniki Yorti Ikostis Pentis Martiou, Unabhängigkeitstag, März/April (Megali Paraskevi, Karfreitag und Pascha Anastassi, Ostersonntag), 1. Mai (Ergatiki Protomagia, Tag der Arbeit), Mai/Juni (Pentikosti, Pfingsten), 15. August (Kimisis tis Theotokou, Mariä Entschlafung), 28. Oktober (Epetios tou Ochi, Nein-Tag zum Gedenken der Ablehnung des italienischen Ultimatums 1940), 25./26. Dezember (Christougenna, Weihnachten)

Festivals und Events

Das kulturelle Leben der Ionischen Inseln konzentriert sich auf die größeren Städte und touristischen Zentren sowie auf die Sommermonate, die mit diversen Festivals für Abwechslung sorgen. Daneben haben Korfu-Stadt und Argostoli auf Kefalonia ihr eigenes Theaterleben. Vor allem auf Zakynthos hat sich die venezianisch-kretische Tradition der *Kantades* [s. S. 68] lebendig erhalten, die in Musiktavernen spät abends zum besten gegeben werden.

Das ganze Jahr hindurch werden in vielen ionischen Städten und Dörfern **Panigiris**, Kirchweihfeste, zu Ehren der jeweiligen Kirchenpatrone gefeiert. Auf dem Programm stehen dabei meist Musik, Tanz und Essen sowie Gottesdienste und Prozessionen.

Februar/März

Der **venezianische Karneval** ist überall auf den Ionischen Inseln lebendig geblieben (auch als *Piccoli karnevali* für Kinder). Höhepunkt des Treibens ist Faschingssonntag. Vor allem auf Zakynthos halten volkstümliche Kabarettisten *Omilies* (Scherzpredigten). Ein archaischer Karneval wird in Anogi auf Ithaka gefeiert.

25. März: **Unabhängigkeitstag**. Mit Tänzen und Paraden wird des Beginns des griechischen Freiheitskrieges 1821 gedacht.

April/Mai

Ostern: Das wichtigste Fest der Ostkirche wird bis zu vier Wochen später als in Mitteleuropa gefeiert, da die orthodoxe

Zu den Osterfeierlichkeiten präsentieren sich die Popen in ihren festlichsten Roben

Kirche die Kalenderreform unter Papst Gregor nicht nachvollzog und das Osterdatum nach dem julianischen Kalender berechnet. Das Ergebnis wird dann auf den in Griechenland seit 1924 geltenden gregorianischen Kalender übertragen.

1. Mai: **Tag der Arbeit**. Während dieser Feiertag für die meisten Griechen ein Anlass zum Picknick und Blumensammeln ist, lassen die Linksparteien PASOK und KKE in Korfu-Stadt die Fahnen wehen.

21. Mai: **Enosis**. Die Vereinigung der bis 1864 unter britischer Verwaltung stehenden Ionischen Inseln mit Griechenland wird allgemein, vor allem aber in Korfu-Stadt, mit Militärparaden gefeiert.

Juli/August

8. Juli: **Volksfest zu Ehren des hl. Prokifios** in Lefkimi auf Korfu mit Volkstanzdarbietungen, auch traditionelle Trachten sind hier zu sehen.

Letztes Wochenende im Juli: Besucher aus allen Teilen Ithakas strömen nach Perachori zum fröhlichen **Weinfest**.

Ende Juli–Anfang Aug.: **Speech and Art Events** (www.lefkasculturalcenter.gr), Kultur-, Theater- und Literaturfestival in Lefkada-Stadt, Lefkada

August: **Internationales Folklore-Festival** (www.lefkasculturalcenter.gr) in Lefkada-Stadt mit Aufführungen traditioneller Tanz- und Musikgruppen aus allen Teilen der Welt.

11. Aug.: **Festtag des hl. Spyridon**. Die Reliquien des Patrons von Korfu werden vom hohen Klerus bei einer Prozession durch die Straßen der Inselhauptstadt begleitet (auch am Palmsonntag, Ostersamstag und 1. So im November). In Lefkimi wird der Festtag des Schutzheiligen mit erleuchteten Fischerbooten gefeiert.

11. Aug.: **Lefkadische Hochzeit**. In Kaya auf Lefkada wird zu Ehren des hl. Spyridon eine Hochzeit mit kostbaren alten Trachten aufgeführt.

15. Aug.: **Kimisis** (Mariä Entschlafung). Aus der globalen Diaspora strömen Inselgriechen in ihre Heimat, um zu feiern und die ganze Nacht durchzutanzen. Besonders ausgelassen geht es auf kleineren Eilanden wie Paxos oder den Diapontischen Inseln zu. Eine Sehenswürdigkeit ist der Schlangenkult von Markopoulo auf Kefalonia [s. S. 96].

24. Aug.: **Panigiris des hl. Dionysios**. Zu Ehren des Schutzpatrons von Zakynthos finden in der Inselmetropole gleichen Namens Reliquienprozessionen statt.

Ende August/Anfang Sept.: **Paxos International Music Festival** (www.paxosfestival.org.uk). Das Kulturereignis für klassische Musik mit hochkarätiger Besetzung findet schon seit 1985 statt.

September

Ende Aug.–Anfang Sept.: **Internationales Musik- und Volkstanzfestival** in Argostoli und Lixouri auf Kefalonia.

Oktober

20. Okt.: **Panigiris des hl. Gerasimos**. Zu den Feierlichkeiten in Omala ist ganz Kefalonia auf den Beinen, um dem Inselheiligen die Ehre zu erweisen.

Dezember

25./26. Dez.: **Weihnachten,** weniger wichtig als Ostern, wurde ursprünglich mit Festmessen und einem feierlichen Essen begangen, wird aber zunehmend durch inselfremde Weihnachtsbäume verwestlicht und internationalisiert.

Klima und Reisezeit

Die Monate Mai und Juni, wenn es schon warm ist, die Inseln aber noch in voller Blütenpracht stehen, sowie September und Oktober sind die besten Termine für Urlauber, die ausgiebig auf Erkundungstour gehen, wandern oder Fahrrad fahren wollen.

In den heißen Sommermonaten Juli und besonders August, wenn allenfalls der Nordwestwind Maestro die Glut mildert, ist Hochsaison. Auch die Festlandsgriechen strömen dann auf die Inseln, die Hotelpreise steigen deutlich an. November bis April gehören die Inseln den Einheimischen – und Individualisten, die sich nicht an den häufigen Winterregen stören. Viele Hotels und Restaurants bleiben dann geschlossen, und die sommerlichen Tourismushochburgen verwandeln sich in Geisterstädte.

Klimadaten Korfu (Kerkyra)

Monat	Luft (°C) min./max.	Wasser (°C)	Sonnen-std./Tag	Regen-tage
Januar	5/14	14	4	11
Februar	6/14	14	4	11
März	7/16	14	5	9
April	9/19	16	7	7
Mai	13/24	18	9	4
Juni	16/28	21	11	2
Juli	18/31	23	12	1
August	19/31	24	11	2
September	16/28	23	9	4
Oktober	13/23	21	6	8
November	10/19	18	5	11
Dezember	7/15	16	4	13

Museen und Kirchen

Die meisten im Text angegebenen Öffnungszeiten gelten für die Hauptsaison (ca. Mai–Okt.). Wer außerhalb dieser Zeit reist, muss mit reduzierten Besuchsmöglichkeiten rechnen. Die kleineren Kirchen sind außer zur Messe und zu Festen in der Regel verschlossen – oft findet sich jedoch ein hilfsbereiter Pope oder Kustos, der öffnet und sich über eine kleine Spende freut. Zu beachten ist, dass freizügige Badekleidung und Männershorts in orthodoxen Gotteshäusern völlig unpassend sind – manchmal kann man sich am Eingang Tücher leihen, ansonsten muss man in nicht sittsamer Kleidung auf den Besuch verzichten. Der Rockzwang für Frauen ist heute jedoch weitgehend aufgehoben.

Nachtleben

Traditionelles Nachtleben bedeutet auf den Ionischen Inseln Tavernenbesuche bis nach Mitternacht oder kirchliche Feste mit Musik und Essen (*Panigiris*, Kirchweih). Die Jeunesse dorée Korfus feiert gerne an der modernen Diskothekenmeile zwischen Neuem Hafen in Korfu-Stadt und Kondokali, aber auch Argostoli auf Kefalonia und Zakynthos-Stadt haben ihre Night Clubs.

Ströme von Lagerbier und dröhnende Musikbeschallung sind für britische Resorts wie Kavos und Pyrgi auf Korfu und Laganas auf Zakynthos typisch, während sich das Nachtleben sonst auf den in den Urlaubszentren obligaten ›Griechischen Folkloreabend‹ einmal pro Woche beschränkt.

Sport

Auf den Ionischen Inseln steht Wassersport natürlich an erster Stelle. An den Stränden sind neben dem guten alten Wasserski modernere Fun & Adrenalinangebote wie Parasailing, Scuba-Diving oder Bananaboats Standard. Einen stetigen Aufschwung nimmt auch der Wandertourismus, der allerdings an der schlechten Beschilderung krankt.

Golf

In ganz Griechenland gibt es nur acht Golfplätze. Einer davon ist der **Corfu Golf Club** (Tel. 26 61 09 42 20, www.corfugolf club.com) mit einem 18-Löcher-Parcours im Ropa-Tal, 17 km westlich von Korfu-Stadt. Ebenfalls Bälle schlagen kann man auf dem Golfplatz des **Aquis Corfu Holiday Palace Hotel** in Kanoni bei Korfu Stadt (Tel. 26 61 03 65 40, corfuholiday palace.gr).

Reiten

Reitställe gibt es auf allen größeren Inseln. Einige ausgewählte Adressen:

The Trailriders, Ano Korakiana, Korfu, Mobil 69 46 65 33 17, www.trailriderscorfu.com

Bavarian Horse Riding Stable, Koulourata (Sami), Kefalonia, Tel. 69 77 53 32 03, www.kephalonia.com

Nana's Horse, Zakynthos-Stadt (Richtung Flughafen), Zakynthos, Tel. 26 95 02 31 95

Schwimmen

Von Mai bis Ende Oktober herrschen auf den Ionischen Inseln ideale Bedingungen.

Die Meerwassertemperaturen steigen im Sommer in der Regel bis 26 Grad, lediglich an der jeweils tiefen Westküste ist es deutlich kälter. Während oben ohne kein Problem ist, wird FFK nur an wenigen abgelegenen Stellen geduldet – ausgesprochene Freikörperkulturstrände gibt außer an der Mirtiotissas-Bucht auf Korfu nicht. Besonders empfehlenswert sind die zahlreichen Strände, welche die Blaue Flagge (www.blueflag.org) führen dürfen. Diese ist Garant für hohe Umweltstandards sowie gute Sanitär- und Sicherheitseinrichtungen.

Zudem stehen viele Swimmingpools auch für Nicht-Hotelgäste offen, wenn diese an der Poolbar etwas konsumieren.

Segeln

Gerade kleinere Eilande fernab vom Massentourismus wie die Diapontischen Inseln oder Kalami sind beliebte Segelreviere. Auf Korfu gibt es bei Kondokali eine der größten Marinas Griechenlands. Ansonsten sind überall Segelboote mit oder ohne Skipper und Mannschaft zu mieten.

Corfu Yachting Ltd., Marina Gouvia, Korfu, Tel. 26 61 09 94 70, www.corfuyachting.com

Surfen

Surfboards werden an vielen Stränden vor allem der West- und Nordküsten vermietet, wo frischere Brisen wehen. Könner wählen den Nachmittag, wenn höhere Wellen branden. Das sportlichste Surfrevier ist Vasiliki auf Lefkada, beliebt ist auch der Almyros-Strand vor Acharavi auf Korfu.

Auch dank der Sonnengarantie ist der Surfsport vor Lefkada immer ein Vergnügen

Tauchen

Schnorcheln ist überall erlaubt. Scuba-Diving mit Druckluftflasche allerdings ist ohne Begleitung eines lizenzierten Tauchlehrers mancherorts verboten. Dadurch soll der Diebstahl archäologischer Unterwasserfunde verhindert werden.

Korfu Diving, Paleokastritsa, Korfu, Tel. in der Saison 69 32 72 90 11, sonst in Deutschland 0152/28 70 71 71, www.diving-corfu.com

Professional Diving Center, Marina Gouvia, Korfu, Tel. 26 61 09 19 55, www.diveincorfu.gr

Aquatic World, Agia Efimia, Kefalonia, Tel. 26 74 06 20 06, Mobil 69 44 86 70 51, www.aquatic.gr

Tennis

Dem Britensport kann in vielen besseren Hotels nachgegangen werden. Nobelster Court ist der **Corfu Tennis Club** (Tel. 26 61 03 70 21) in Korfu-Stadt, der auch Plätze vermietet.

Wandern

Für Griechenland insgesamt gilt, dass Wege oft nicht oder nur notdürftig ausgeschildert sind. Eine gute Planung und mindestens ebenso gutes Kartenmaterial sind daher ratsam. Zur Ausrüstung gehören feste Schuhe, wegen möglicher Dornen lange feste Hosen, Sonnenbrille, Sonnencreme sowie in Bergregionen Wetterschutz und natürlich genügend Wasser sowie Proviant.

Reine Wanderparadiese sind **Kefalonia** und **Zakynthos**, für die es auch eine Fülle an Tourenvorschlägen gibt. **Korfu** bietet zwar großartige schattige Wanderrouten durch seine über 300 Jahre alten Ölbaumhaine, doch die kahle Bergregion rund um den Gipfel des Pantokrator ist wegen seiner militärischen Autopisten und Satellitenantennen wenig einladend. Ein 222 km langer, gelb markierter Weg führt in 10–12 Tagen von der Südspitze der Insel hinauf in den äußersten Norden zum Kap Agios Spyridonas (www.thecorfutrail.com). Der ausgezeichnete *Companion Guide to the Corfu Trail* kann auf www.corfutrailguide.com als pdf bestellt werden. Ideale Wanderbedingungen bietet zudem **Ithaka**, wo viele Bauern- und Hirtenwege noch intakt sind. Private, geführte Wanderungen im Westen Griechenlands und den Ionischen Inseln bie-

Auf alten Eselspfaden windet sich der 222 km lange Corfu Trail vom einen Ende der Insel zum anderen

tet der deutschsprachige Wanderführer Kostas Nikolaous (Tel. 26 81 07 92 27, www.wandern-natur.com).

Infos: Über 50 ›Wanderungen und Autotouren‹ sowie Picknickplätze beschreibt der Band Korfu des britischen Verlages *Sunflower*. In englischer Sprache veröffentlicht er auch ›walk & eat Kefalonia‹, ›car tours and walks Paxos‹ sowie den Guide ›Zakynthos (Zante) with walks‹.

Sprache und Rechtschreibung

Für das Griechische existiert kein einheitliches Transkriptionssystem, so findet man z.B. allein für Kefalonia nicht weniger als 32 korrekte Schreibweisen, je nachdem ob man den Inselnamen mit K oder C, mit ph oder f, mit Doppel-l oder einfachem l, mit o oder altgriechisch-hochsprachlich mit eta schreiben möchte, das wiederum als e oder i transkribiert werden kann. Selbst auf griechischen Karten schwankt die Schreibung der Ortsnamen erheblich. Abweichungen der in diesem Buch verwendeten Schreibweisen von den vor Ort teils benutzten sollten daher nicht zu Irritationen führen.

Statistik

Lage: Die Ionischen Inseln liegen vor der Küste Albaniens und Nordgriechenlands in der südlichen Adria. Korfu ist an der schmalsten Stelle am Kap vor Agios Stefanos Sinies nur 2 km von Albaniens Ufern entfernt, und Lefkada wurde erst durch einen Kanaldurchstich in der Antike überhaupt zur Insel. Geologisch gehören die Ionischen Inseln noch zum Festlandssockel, erst an den meist steilen Westküsten fällt der Meeresboden auf mehrere Tausend Meter ab: Die mit über 5000 m tiefste Stelle des Mittelmeers, der Inoussa-Graben, liegt westlich von Zakynthos.

Fläche/Bevölkerung: Mit einer Fläche von 786 km² ist Kefalonia nach Kreta, Euböa, Lesbos, Rhodos und Chios die sechstgrößte Insel Griechenlands, gefolgt von Korfu mit 592 km², das allerdings mit 114 000 Einwohnern weit dichter bevölkert ist als Kefalonia (42 000 Einw.). Zakynthos (40 000 Einw.) besitzt eine Größe von 406 km², Lefkada (21 000 Einw.) misst 356 km², Ithaka (3000 Einw.) nur 96 km² und Paxos (2500 Einw.) lediglich 25 km².

Religion: Trotz jahrhundertelanger venezianischer Herrschaft gehört ein Großteil der Bevölkerung dem griechisch-orthodoxen Glauben an. Der Metropolit des Heptanes residiert in Korfu und untersteht dem Patriarchen von Athen. In Korfu-Stadt, Residenz des 1310 gegründeten Erzbistums Korfu, Zakynthos und Kefalonia, leben rund 2500 Katholiken (3800 insgesamt auf den Ionischen Inseln).

Verwaltung: Griechenland ist seit 1974 eine parlamentarisch-demokratische Republik. Das Staatsgebiet ist in 13 Verwaltungsregionen (*Peripheries*) und seit 1.1.2011 in 325 Gemeinden eingeteilt. Die Ionischen Inseln und zugleich Gemeinden Korfu, Paxi, Kefalonia, Zakynthos, Ithaka, Meganisi und Lefkada bilden zusammen eine Region.

Herrlich ist es, sich die ionische Meeresbrise um die Nase wehen zu lassen

Wirtschaft: Der Anteil der Landwirtschaft am Bruttoinlandsprodukt geht auch in Griechenland kontinuierlich zurück. Seit den 1970er-Jahren ist der Tourismus auf Korfu und später auch auf Zakynthos zum beherrschenden Wirtschaftsfaktor geworden. Über 1,3 Mio. Gäste besuchen jährlich die Ionischen Inseln, die Mehrzahl davon Briten.

Unterkunft

Apartments

Das Angebot an gut ausgebauten Ferienwohnungen (z.T. in alten Bauernhäusern) ist in den letzten Jahren kontinuierlich ausgebaut worden, oft aber nur über größere Reiseagenturen buchbar.

Camping

Wildes Campen ist verboten und wird mit hohen Geldstrafen geahndet. Auch das Übernachten am Strand wird nicht gern gesehen. Die meisten Campingplätze haben eine solide, durchschnittliche Ausstattung, in der Hauptsaison ist eine Voranmeldung ratsam.

Beschreibungen geprüfter Campingplätze bieten der jährlich aktualisierte **ADAC Campingführer** sowie der **ADAC Stellplatzführer** (www.campingfuehrer.adac.de). Die Inhalte gibt es auch als App für iPhone, iPad und Android in den Appstores von Apple und Google. Empfehlenswert ist die Mitnahme der international anerkannten *Camping Key Europe* (CKE), mit der man vielerorts Rabatte erhält. Der ADAC stellt diese Karte exklusiv für seine Mitglieder aus.

Die Griechische Zentrale für Fremdenverkehr [s. S. 123] schickt auf Anfrage eine Campingplatz-Liste zu. Zudem bieten auch manche Bauern oder Tavernen die Möglichkeit, legal gegen ein Entgelt (oder Restaurantbesuch) auf ihrem Grund zu campen.

Hotels

Die griechische Hotelkammer klassifiziert die meisten Hotels nicht mehr nach Buchstaben, sondern nach internationalem Sternesystem. L (›Luxus‹) entspricht fünf, A vier Sternen. Am unteren Ende der Skala stehen D und E für Ein-Stern-Hotels.

Die Preise können zwischen Neben- und Hochsaison (ca. Mitte Juli bis Ende August) um das Doppelte schwanken, oft ist bei längerem Aufenthalt ein Verhandlungsspielraum drin. In der Woche um Ostern und um *Kimisis* (15. August) ist rechtzeitige Reservierung ratsam, da dann halb Griechenland unterwegs ist.

Die in den Praktischen Hinweisen verwendeten Sternsymbole entsprechen folgenden Preisklassen für ein Doppelzimmer mit Frühstück (in einfacheren Quartieren nicht selbstverständlich dabei!):

****	über 120 €
***	70–120 €
**	40–70 €
*	bis 40 €

Privatzimmer

›*Enoikiazetai ta domatia*‹ oder ›Rooms to let‹ heißen in der Regel die Aufschriften der Schilder, die auf freie Privatzimmer verweisen. Meist handelt es sich um schlichte saubere Räume, die in der Nebensaison schon ab 15 € pro Person anzumieten sind, oft sind Garten und Familienschluss inklusive – eine interessante Alternative!

Verkehrsmittel im Land

Bus

Auch wenn einige Busveteranen schon kräftig ächzen – die Ionischen Inseln verfügen über ein ausreichendes Omnibusnetz. Lediglich einige abgelegene Bergdörfer werden selten oder nie mit öffentlichen Verkehrsmitteln angefahren. Informationskioske an den zentralen Busbahnhöfen verteilen Landkarten mit Fahrplänen, die Abfahrtszeiten sind aber auch an vielen Haltestellen angeschrieben, die Fahrpreise maßvoll.

Fähre

Zwischen Korfu und den südlichen Ionischen Inseln findet kein regelmäßiger direkter Fährverkehr statt – meist muss man in Igoumenitsa auf dem Festland umsteigen. Auch von Lefkada, Ithaka, Kefalonia und Zakynthos kommt man in der Regel nur zur Nachbarinsel – ›Inselhüpfen‹ ist also schwierig. Gerade für den Besuch kleinerer Satelliteninseln bieten sich im Sommer auch zahlreiche Ausflugsboote an – die vom Programm abweichende Rückkehr an einem anderen Tag oder One-Way ist Verhandlungssache.

Mietfahrzeug

Die angenehmste Methode, die Ionischen Inseln individuell zu erkunden, ist die Anmietung eines Fahrzeugs. **Pkw** gibt es in der Nebensaison ab 30 € täglich, zu achten ist auf unbegrenzte Kilometeroption, Haftplicht bzw. Schadensbegrenzungsversicherung! Voraussetzungen sind ein Führerschein, der bereits länger als 12 Monate gültig ist, und die Vollendung des 21. Lebensjahrs. Neben lokalen, oft billigeren Autoverleihern unterhalten alle internationalen Firmen Niederlassungen. Für Mitglieder bietet die **ADAC Autovermietung GmbH** günstige Konditionen an. Buchungen über www.adac.de/autovermietung, die ADAC Geschäftsstellen oder unter Tel. 089/7676 2099. Anmietstationen der Partner Avis und Hertz gibt es auf Korfu am Flughafen und im Stadtbüro (Ethnikis Lefkimis), auf Kefalonia am Flughafen und in Lassi sowie auf Zakynthos am Flughafen und in der Inselhauptstadt. Dort ist auch Auto Moto *Sakis*, Dessila 4 (nahe Platia Solomou, Tel. 2695023928, www.automotosakis.gr) als preiswert und zuvorkommend zu empfehlen.

Moderne **Scooter** (kein Führerschein Klasse I nötig) können bis über 60 km/h fahren und sind auch für gebirgige Strecken ausreichend (ab 12 €/Tag). Für sie gilt ebenso wie für **Motorräder** (ab 18 €/Tag) Helmpflicht.

Eine Alternative für kurze Fahrten zum Strand sind **Fahrräder** (ab 5 €/Tag). Wer sportliche Radtouren plant, sollte besser sein Rennrad von zu Hause mitbringen, auch die angebotenen Mountainbikes bewegen sich eher im Billig- als im Hochleistungs- und Topsicherheitssektor.

Generell dürfen Mietfahrzeuge nicht auf andere Inseln mitgenommen werden.

Taxi

Nur in größeren Orten ist es leicht, ein Taxi zu finden. Der Fahrpreis liegt bei ca. 60 % des deutschen, doch ist es auf selten befahrenen Routen üblich, zusätzliche Passagiere (ohne Preisminderung) zusteigen zu lassen. Viele Chauffeure verlangen Fixpreise ohne Taxameter.

Pferdedroschken bieten in Korfu-Stadt eine Rundfahrt der romantischen Art

Sprachführer
Griechisch für die Reise

Das Wichtigste in Kürze

Ja / Nein	Nä / 'Ochi	Ναι / Όχι
Bitte / Danke	Paraka'lo / Efchari'sto	Παρακαλώ / Ευχαριστώ
Entschuldigung!	Si'gnomi	Συγνώμη!
Wie bitte?	O'riste	Ορίστε;
Ich verstehe Sie nicht.	δen sas katala'wäno	Δεν σας καταλαβαίνω.
Können Sie mir bitte helfen?	Bo'rite na me woi'θisete, paraka'lo	Μπορείτε να με βοηθήσετε, παρακαλώ;
Das gefällt mir (nicht).	A'fto (den) mu a'ressi	Αυτό (δεν) μου αρέσει.
Ich möchte …	'θelo …	Θέλω…
Haben Sie …?	'Echete …	Έχετε… ;
Wie viel kostet …?	'Posso kostisi …	Πόσο κοστίζει…;
Kann ich mit Kreditkarte bezahlen?	Bo'ro na pli'rosso me pistoti'ki 'karta	Μπορώ να πληρώσω με πιστωτική κάρτα;
Wie viel Uhr ist es?	Ti 'ora 'inä	Τι ώρα είναι;
Guten Morgen!	Kali'mera	Καλημέρα!
Guten Tag!	Kali'mera / 'Chärete	Καλημέρα! / Χαίρετε!
Guten Abend!	Kali'spera	Καλησπέρα!
Gute Nacht!	Kali'nichta	Καληνύχτα!
Hallo! / Grüß Dich!	Jassu	Γεια σου!
Wie ist Ihr Name, bitte?	Poss 'inä to 'ono'ma sas, paraka'lo	Πώς είναι το όνομά σας, Παρακαλώ;
Mein Name ist …	To'ono'ma mu 'inä …	Το όνομά μου είναι…

Wochentage

Montag	δe'ftera	Δευτέρα
Dienstag	'Triti	Τρίτη
Mittwoch	Te'tarti	Τετάρτη
Donnerstag	'Pempti	Πέμπτη
Freitag	Paraske'wi	Παρασκευή
Samstag	'Sawwato	Σάββατο
Sonntag	Kiria'ki	Κυριακή

Monate

Januar	Ianu'arios	Ιανουάριος
Februar	Fewru'arios	Φεβρουάριος
März	'Martios	Μάρτιος
April	A'prilios	Απρίλιος
Mai	'Maios	Μάϊος
Juni	'Iunios	Ιούνιος
Juli	'Iulios	Ιούλιος
August	'Awgustos	Αύγουστος
September	Se'ptemwrios	Σεπτέμβριος
Oktober	O'ktowrios	Οκτώβριος
November	No'emwrios	Νοέμβριος
Dezember	δe'kemwrios	Δεκέμβριος

Zahlen

0	mi'den	μηδέν
1	'ena	ένα
2	'Dio	δύο
3	'tria	τρία
4	'tessera	τέσσερα
5	'pente	πέντε
6	'exi	έξι
7	e'fta	επτά
8	o'chto	οκτώ
9	e'nnia	εννιά
10	'deka	δέκα
11	'enteka	έντεκα
12	'δodeka	δώδεκα
13	δeka'tria	δεκατρία
14	δeka'tessera	δεκατέσσερα
15	δeka'pente	δεκαπέντε
16	δeka'exi	δεκαέξι
17	δekae'fta	δεκαεφτά
18	δekao'chto	δεκαοχτώ
19	δekae'nnia	δεκαεννιά
20	'ikossi	είκοσι
21	ikossi'ena	εικοσιένα
22	ikossi'dio	εικοσιδύο
30	tri'anta	τριάντα
40	sa'ranta	σαράντα
50	pe'ninta	πενήντα
60	e'xinta	εξήντα
70	ewδo'minta	εβδομήντα
80	o'gδonta	ογδόντα
90	ene'ninta	ενενήντα
100	eka'to	εκατό
200	δia'kossia	διακόσια
1000	'chilia	χίλια
2000	'δio chili'ades	δύο χιλιάδες
10000	'δeka chili'ades	δέκα χιλιάδες
100000	eka'to chili'ades)	εκατό χιλιάδες
1/2	mi'sso	μισό
1/4	'ena 'tetarto	ένα τέταρτο

Wie geht es Ihnen?	Poss 'isste	Πώς είστε
Auf Wiedersehen!	A'dio	Αντίο!
Tschüs!	'Jassu	Γεια σου!
gestern / heute / morgen	Chtess / 'simera / 'awrio	Χτες / σήμερα / αύριο
am Vormittag /	Pro messi'mwrias /	προ μεσημβρίας /
am Nachmittag	me'ta messi'mwria	μετά μεσημβρία
am Abend / in der Nacht	to 'wraδi / ti 'nichta	το βράδυ / τη νύχτα
um 1 Uhr / um 2 Uhr …	stiss 1 i 'ora / stiss 2 i 'ora …	στις 1 η ώρα / στις 2 η ώρα …
um Viertel vor (nach) …	pa'ra 'tetarto (kä) …	παρά τέταρτο (και) …
um … Uhr 30	stiss … 'ora kä 30	στις … ώρα κα ι30
Minute(n) / Stunde(n)	le'pto(a) / 'ora(es)	λεπτά / ώρα (ες)
Tag(e) /Woche(n)	i'mera(es) / ewδo'mada(es)	ημέρα (ες) / εβδομάδα (ες)
Monat(e) / Jahr(e)	'minas(es) / 'etos(i)	μήνας (ες) / έτος (η)

Unterwegs

Nord / Süd /West / Ost	Wo'rras/'Notos/'δissi/Anato'li	Βορράς / Νότος / Δύση / Ανατολή
geöffnet / geschlossen	ani'chto / kli'sto	ανοιχτό / κλειστό
geradeaus / links /	ef'θia / ariste'ra /	ευθεία / αριστερά
rechts / zurück	δexi'a / 'piso	δεξιά / πίσω
nah / weit	ko'nta / makri'a	κοντά / μακριά
Wie weit ist …?	'Posso makri'a 'inä …	Πόσο μακριά είναι …;
Wo sind die Toiletten?	Pu 'inä i tua'letes	Πού είναι οι τουαλέτες;
Wo ist die (der) nächste …	Pu 'inä i(o) e'pomeni(os) …	Πού είναι η(ο) επόμενη (ος) …
Telefonzelle /	tilefoni'kos 'θalamos /	τηλεφωνικός θάλαμος /
Bank /	'trapesa /	τράπεζα /
Geldautomat /	a'ftomato chri'maton /	αυτόματο χρημάτων /
Post /	tachiδro'mio /	ταχυδρομείο /
Polizei?	astino'mia	αστυνομία;
Bitte, wo ist …	Paraka'lo pu 'inä …	Παρακαλώ πού είναι …
der Fährhafen /	to li'mani ton feri'bot /	το λιμάνι των φεριμποτ /
der Flughafen?	to aero'δromio	το αεροδρόμιο;
Wo finde ich …	Pu θa wro …	Πού θα βρω …
eine Bäckerei /	'enan 'furno /	έναν φούρνο /
ein Lebensmittelgeschäft /	'ena ka'tastima tro'fimon /	ένα κατάστημα τροφίμων /
den Markt?	tin ago'ra	την αγορά;
Ist das der Weg/	'Inä af'tos o 'δromos /	Είναι αυτός ο δρόμος /
die Straße nach …?	i o'dos ja …	η οδός για …;
Ich möchte mit …	'θelo na 'pao me …	Θέλω να πάω με …
dem Bus/	to leofo'rio /	το λεωφορείο /
der Fähre/	to feri'bot /	το φεριμπότ /
dem Flugzeug	to aero'plano	το αεροπλάνο
nach … fahren.	sto …	στο …
Wo ist …	Pu 'inä …	Πού είναι …
das Fremdenverkehrsamt /	i turisti'ki ipire'sia /	η τουριστική υπηρεσία /
ein Reisebüro?	'ena turisti'ko gra'fio	ένα τουριστικό γραφείο;
Ich suche eine Hotelunterkunft.	'Psachno δiamo'ni se xenodo'chio.	Ψάχνω διαμονή σε ξενοδοχείο.
Ich möchte eine Anzeige erstatten.	'θelo na ipo'walo 'minisi	Θέλω να υποβάλω μήνυση.
Man hat mir …	'Kapios mu 'eklepse …	Κάποιος μου έκλεψε …
Geld / die Tasche /	'chrimata / tin 'tsanta /	χρήματα / την τσάντα /
die Papiere / die Schlüssel /	ta charti'a / ta kliδi'a /	τα χαρτιά / τα κλειδιά /
den Fotoapparat /	tin fotografi'ki micha'ni /	την φωτογραφική μηχανή /
den Koffer gestohlen.	tin wa'litsa	την βαλίτσα.

Bank, Post Telefon

Ich möchte Geld wechseln.	'θelo na a'llaxo 'chrimata	Θέλω να αλλάξω χρήματα.
Brauchen Sie meinen Ausweis?	Chri'asesste tin ta'ftoti'ta mu	Χρειάζεστε την ταυτότητά μου;

Hinweise zur Aussprache

'	die nachfolgende Silbe wird betont
δ	wie englisches ›th‹ in ›the‹, mit der Zungenspitze hinter den Zähnen
θ	wie englisches ›th‹ in ›thank‹, mit der Zungenspitze zwischen den Zähnen

Ich möchte eine Telefonverbindung nach …	θa 'iθela tilefoni'ki 'sinδesi gia …	Θα ήθελα τηλεφωνική σύνδεση για…
Haben Sie … Telefonkarten / Briefmarken?	'Echete … tile'kartes / gramma'tossima	Έχετε … τηλεκάρτες / γραμματόσημα;

Tankstelle

Wo ist die nächste Tankstelle?	Pu 'inä to e'pomeno pra'tirio kaf'simon	Που είναι το επόμενο πρατήριο καυσίμων;
Ich möchte … Liter … Super / Diesel / bleifrei / verbleit.	θa 'iθela … 'litra … 'super / 'disel / a'moliwδi / moliwδu'cha.	Θα ήθελα … λίτρα … σούπερ / ντίζελ / αμόλυβδη / μολυβδούχα.
Volltanken, bitte.	Ge'miste, paraka'lo	Γεμίστε, παρακαλώ.
Bitte prüfen Sie … den Reifendruck / den Ölstand / den Wasserstand / die Batterie.	Paraka'lo e'legxte … tin 'piesi stis 'rodes / tin 'stathmi la'dion / tin 'stathmi ne'ru / tin bata'ria	Παρακαλώ ελέγξτε … την πίεση στις ρόδες / την στάθμη λαδιών / την στάθμη νερού / την μπαταρία.

Panne

Ich habe eine Panne.	'Echo 'wlawi	Έχω βλάβη.
Der Motor startet nicht.	O kini'tiras δen a'nawi	Ο κινητήρας δεν ανάβει.
Ich habe kein Benzin.	Den 'echo ka'tholu we'nsini	Δεν έχω καθόλου βενζίνη.
Gibt es hier in der Nähe eine Werkstatt?	I'parchi e'δo ko'nta 'ena sine'rgio	Υπάρχει εδώ κοντά ένα συνεργείο;
Können Sie mein Auto abschleppen?	Bor'ite na rimoulk'isete to aftok'int'o mu?	Μπορείτε να ρυμουλκήσετε το αυτοκίνητό μου;
Können Sie mir einen Abschleppwagen schicken?	Bo'rite na mu 'stilete 'ena rimu'lko	Μπορείτε να μου στείλετε ένα ρυμουλκό ;
Können Sie den Wagen reparieren?	Bo'rite na epidio'rθosete to a'maxi	Μπορείτε να επιδιορθώσετε το αμάξι;
Bis wann?	'Mechri 'pote	Μέχρι πότε;
Ich möchte ein Auto mieten.	'θelo na eniki'aso 'ena afto'kinito	Θέλω να ενοικιάσω ένα αυτοκίνητο.
Was kostet die Miete … pro Tag / pro Woche / mit unbegrenzter km-Zahl / mit Kaskoversicherung / mit Kaution?	'Poso ko'stisi to e'nikio … tin i'mera / tin ewδo'mada / cho'ris periori'smo chilio'metron / me 'pliri a'sfalia / me e'ngiisi	Πόσο κοστίζει το ενοίκιο … την ημέρα / την εβδομάδα / χωρίς περιορισμό χιλιομέτρων / με πλήρη ασφάλεια / με εγγύηση;
Wo kann ich den Wagen zurückgeben?	Pu bo'ro na epi'strepso to a'maxi	Πού μπορώ να επιστρέψω Το αμάξι;

Unfall

Hilfe!	Wo'ithia	Βοήθεια!
Achtung! / Vorsicht!	Proso'chi	Προσοχή!
Rufen Sie bitte schnell … einen Krankenwagen / die Polizei / die Feuerwehr.	Fo'naxte paraka'lo 'grigora … 'ena nosokomia'ko / tin astino'mia / tin piroswesti'ki	Φωνάξτε παρακαλώ γρήγορα … ένα νοσοκομειακό / την Αστυνομία / την Πυροσβεστική.
Es war (nicht) meine Schuld.	(δen) 'eftäxa	(Δεν) έφταιξα.
Ich brauche die Angaben zu Ihrer Autoversicherung.	Chri'asomä ta stichia tis a'sfalias tu aftoki'nitu sas	Χρειάζομα τα στοιχεία της ασφάλειας του αυτοκινήτου σας.
Geben Sie mir bitte Ihren Namen und Ihre Adresse.	'δoste mu paraka'lo to 'ono'ma kä tin di'efθi'nsi sas	Δώστε μου παρακαλώ το όνομα και την διεύθυνσή σας.

Krankheit

Können Sie mir einen Arzt/Zahnarzt empfehlen?	Bo'rite na mu ipo'δixete 'enan ja'tro / oδo'ntiatro	Μπορείτε να μου υποδείξετε έναν γιατρό / οδοντίατρο;
Wann hat er Sprechstunde?	Pi'es 'ores 'dechetä asθe'nis	Ποιες ώρες δέχεται ασθενείς;
Wo ist die nächste Apotheke?	Pu 'inä to e'pomeno farma'kio	Πού είναι το επόμενο φαρμακείο;

Ich brauche ein Mittel gegen … Durchfall / Fieber / Insektenstiche / Kopfschmerzen/Verstopfung/ Zahnschmerzen.	Chri'asomä 'ena 'farmako gia … ðí'aria / pire'to / 'tsimpima e'ntomu / pono'kefalo / ðikili'otita / po'noðonto	Χρειάζομαι ένα φάρμακο για…. διάρροια / πυρετό / τσίμπημα εντόμου / πονοκέφαλο / δυσκοιλιότητα / πονόδοντο.

Im Hotel

Können Sie mir bitte ein Hotel empfehlen?	Bo'rite na mu si'stisete 'ena xenodo'chio	Μπορείτε να μου συστήσετε ένα ξενοδοχείο;
Ich habe bei Ihnen ein Zimmer reserviert.	'Echo 'klisi se sas 'ena ðo'matio	Έχω κλείσει σε σας ένα δωμάτιο.
Haben Sie …	'Echete …	Έχετε …
ein Einzelzimmer /	'ena mo'noklino ðo'matio /	ένα μονόκλινο δωμάτιο /
ein Doppelzimmer …	'ena 'ðiklino ðo'matio …	ένα δίκλινο δωμάτιο …
mit Dusche /	me dus /	με ντους /
mit Bad …	me 'banio …	με μπάνιο …
für eine Nacht /	ja 'mia 'nichta /	για μία νύχτα /
für eine Woche?	ja 'mia ewðo'mada	για μία εβδομάδα ;
Was kostet das Zimmer …	'Posso ko'stisi to do'matio …	Πόσο κοστίζει το δωμάτιο..
mit Frühstück /	me proi'no /	με πρωϊνό /
mit Halbpension?	me 'ena 'jewma	με ένα γεύμα;

Im Restaurant

Ich suche ein gutes / günstiges Restaurant.	'Psachno 'ena ka'lo / fti'no estia'torio	Ψάχνω ένα καλό / φτηνό εστιατόριο.
Herr Ober! / Kellner! / Bedienung!	'Kirie serwi'tore / Ga'rson	Κύριε σερβιτόρε! / γκαρσόν!
Die Speisekarte, bitte.	Paraka'lo ton ka'talogo fagi'ton	Παρακαλώ τον κατάλογο φαγητών.
Haben Sie vegetarische Gerichte?	'Echete fagi'ta ja fito'fagus	Έχετε φαγητά για φυτοφάγους;
Rechnung! / Bezahlen, bitte!	Ton logaria'smo / Na pli'rosso, paraka'lo	Τον λογαριασμό / Να πληρώσω, παρακαλώ!

Essen und Trinken

Baklava	Bakla'was	Μπακλαβάς
Bauernsalat	Cho'rjatiki sa'lata	Χωριάτικη σαλάτα
Bier	'Bira	Μπύρα
Brot / Brötchen	Pso'mi / pso'maki	Ψωμί / ψωμάκι
Butter	'Wutiro	Βούτυρο
Ei	Aw'go	Αυγό
Essig	'Xiði	Ξύδι
Fisch	'Psari	Ψάρι
Flasche	Bu'kali	Μπουκάλι
Fleisch	'Kreas	Κρέας
gegrillt	psi'meno sti s'chara	Ψημένο στη σχάρα
Gemüse	Lachani'ka	Λαχανικά
Glas	Po'tiri	Ποτήρι
Huhn	Ko'topulo	Κοτόπουλο
Käse	Ti'ri	Τυρί
Kaffee	Ka'fes	Καφές
Knoblauch	'Skordo	Σκόρδο
Lamm	A'rni	Αρνί
Milchkaffee	Ka'fes me 'ghala	Καφές με γάλα
Mineralwasser (mit / ohne Kohlensäure)	Metalli'ko ne'ro (me / choris anθraki'ko)	Μεταλλικό νερό (με / χωρίς ανθρακικό)
Nachspeise	Epi'ðorpio	Επιδόρπιο
Obst	'Fruta	Φρούτα
Öl	'Ladi	Λάδι
Pfeffer	Pi'peri	Πιπέρι
Salz	A'lati	Αλάτι
Tee	'Zai	Τσάϊ
Vorspeisen	Orekti'ka	Ορεκτικά
Wein	Kra'si	Κρασί
Zucker	'Sachari	Ζάχαρη

Register

A

Acharavi 49–50
Achilleion 6, 18, **35–36**
Adam, Sir Frederick 25
Aetos, Berg 75, 76, 80
Afionas 46
Agalas 113
Agia Efimia 93
Agia Eleftherotria 121
Agia Marina 121
Agios Andreas Milapidias 97
Agios Andreas, Strand 49
Agios Georgios Argyradon 39–40
Agios Georgios Pagon 46–47
Agios Georgios, Burg 85, 97
Agios Gerasimos 98
Agios Gordi 41
Agios Ilias 61, 68, 69
Agios Ioannis (Ithaka) 80
Agios Markos 55
Agios Nikitas 64, 65
Agios Nikolaos (Zakynthos) 118
Agios Petros 67
Agios Petros, Strand 43
Agios Spyridon, Strand 43
Agios Stefanos Avlioton 48
Agni-Strand 52
Alipa-Bucht 43
Almyros 50
Alykes 118
Ambelakia, Strand 43
Anafonitria, Kloster 116–117
Angelokastro 45
Ano Korakiana 53
Anogi 75, 81, 82
Antinioti-Lagune 50
Antipaxos 6, **59**
Antisamos, Bucht 94
Aqualand Wasserpark 42
Arethusa-Quelle 10, 75, **78**
Argasi 107
Argostoli 9, **85–89**
- Agii Theodori 89
- Agios Spyridon 88
- Archäologisches Museum 87
- Cephalonia Botanica 89
- Drapano-Brücke 88
- Fokas Kosmetatos-Stiftung 86–87
- Glockenturm 88
- Katavothres 88–89, 93
- Kefalos-Theater 87
- Korgialenios Geschichts- und Folklore-Museum 87
- Lithostroto 87
- Markt 88
- Platia Valianou 86
- St. Nicolaus 88

Argyrades 40
Asos 85, 92
Athani 66
Avithos-See 94

B

Baltsa, Agnes 62, 68
Banana-Beach 108
Barbati 52
Benitses 37
Bonaparte, Napoleon 20, 25, 102
Byron, Lord George Gordon Noël 99

C

Canal d'Amour 7, 48
Caretta Caretta 110
Chomi, Strand 43

D

Damaskinos, Michael 25
Dassia 55
Diapontische Inseln 47
Dionysios, hl. 105, 106, 130
Divisione Acqui 89
Dörpfeld, Wilhelm 46, 64, 71
Drongarati-Höhlen 94
Durrell, Lawrence 52

E

Egremni 66
El Greco 25
Elisabeth, Kaiserin von Österreich 6, 7, 18, 21, 32, 36
Englouvi 69, 70
Enos 9, 85, 94, 98
Enosis 21, 22, 130
Erissos-Halbinsel 92–93
Ermones 42
Exo Chora 114
Exogi 81

F

Fähren 125
Faneromenis-Kloster 64
Fiskardo 85, 92
Frikes 75, 81

G

Gaios 57
Gardiki-Kastell 40
Geni-Halbinsel 70, 71
Georg I., König von Griechenland 25
Girio 114
Glifadas 42
Gouvia 56
Guiscard, Robert 85, 92

H

Havdata 91
Herodot-Quelle 112
Hlomos 37
Homer 10, 19, 46, 75, 79, 80, 83

I

Ionische Musik 68
Ithaka 6, 8, 21, 25, 62, 66, 67, 70, 71, **75–83**

K

Kaizer's Throne 42
Kalamaki 111
Kalami 52
Kalamitsi 61, 65–66
Kambi 114
Kaminarata 91
Kap Asprokavos 39
Kap Doukato 64, 66
Kap Drastis 48
Kap Ekaterinis 50
Kap Gerakas 107, 109
Kap Skinari 117
Kapodistrias, Ioannis 53, 54
Karia 69–70
Karousades 49
Kasiopi **50–51**
Kastos 73
Katastari 118–119
Katharon, Kloster 82
Kathisma-Strand 65
Kato Korakiana 55
Kavos 39
Kefalonia 6, 8, 20, 24, 66, 67, 68, 70, **85–99**, 107
Kennedy, Jacqueline 73
Kennedy, John Fitzgerald 73
Keri 112
Kiliomeno 113
Kioni 67, 81
Kipoureion 91
Kolieri 81
Kondakali 56
Korfu 6, 18–59
Korfu-Stadt 7, **18–34**
- Agii Iason und Sosipatros 31
- Agios Spyridon, Kirche 19, 26
- Agios Theodoros 32
- Alte Festung 23–24
- Alter Hafen 26
- Analipsi-Halbinsel 19, 29, 31
- Archäologisches Museum 29–30
- Artemis-Tempel 32
- Banknotenmuseum 27
- British Cemetery 31
- Contrafossa 23
- Dimarchion 29
- Evraiki 29
- Faliraki 25
- Garitsa-Bucht 19
- Gouverneurspalast 24–25
- Kambielo 26
- Kambielo-Hügel 19, 26
- Kanoni 32
- Kapodistrias-Denkmal 23
- Lesseps, Matthieu de 22
- Liston 22
- Maitland Rotunda 23

Mitropolis 26
Mon Repos 31
Museum für Asiatische Kunst 25
Neue Festung 19, 29
Odos Theotoki 29
Paleopolis 32
Panagia Antivouniotissa 26
Panagia ton Xenon 29
Park Mon Repos 31–32
Pontikonisi 19, 32
Reading Society 25
Sanmicheli, Michele 23
Schulenburg-Denkmal 23
Solomos-Museum 26
Spianada 22, 24
St. Jakob und Christophorus 29
Städtische Pinakothek 25
Vlacherna-Kloster 19, 29, 32
Vormittagsmarkt 29
Korission-Lagune 40
Koukouritsa 56–57
Kouloura 52
Kounopetra 90
Krane 85, 89
Krini 45
Kumquats 19, 40
Kythira 24

L

Laganas **111**
Lakones 44
Lasi 89, 99
Lefkada 6, 8, 21, 24, **61–73,** 81
Lefkada-Stadt **61–64**
Agioi Anargiri 62–63
Agios Minas 62, 63
Archäologisches Museum 63–64
Ioanou Mela 63
Kap Doukato 64
Odos Dörpfeld 62
Pantokratoras-Kirche 62
Phonographische Museum 62
Platia Agios Spyridonas 62
Santa Maura 62, 64
Lefkimi 38–39
Leukadischer Felsen 9, 66
Liapades 45
Ligia 71
Limni Keriou 112
Lixouri 90, 91
Longas-Strand 48
Lourdata 96

M

Macherado 121
Maitland, Thomas 22
Makrades 45
Makris Gialos, Bucht 118
Makrys Gialos 99
Marathias-Plateau 78
Marathonisi 111, 112
Markopoulo 96
Mavratzis-Bucht 108
Meganisi **72–73**
Katomeri 72
Porto Spilia 72–73
Vathy 72
Melissani-Grotte 93–94
Mesongi 37
Metaxata 99
Mikro Nisi 118
Mirtiotissas 42
Mirtos, Bucht 91
Mnimati 70
Moni Panagia Theotokou tis Paleokastritsas 44
Moni Theotokou, Kloster 43
Moraitika 37
Morosini, Francesco 62

N

Napier, Charles James 86, 89
Nidri 70
Nikiana 71
Niritos 79, 80, 82
Nissaki 52

O

Odyssee 10, 19, 46, 75, 81, **83,** 101
Odysseus 10, 19, 25, 46, 47, 75, 76, 78, 79, 80, 81, **83**
Omala-Tal 98
Onassis, Aristoteles 70, 73
Orsini, Adelsfamilie 85, 102
Ovid 66

P

Paleo Perithia 50
Paleokastritsa 7, **43–46**
Paliki-Halbinsel 85, 90–91
Pantokrator 7, 18, 50, 52, **53–55**
Pantokratorkloster 7, 54
Paramonas, Strand 40
Paxos 6, 24, **57–59**
Pelekas 42
Pentati 41
Perachori 79
Peratata **97–98**
Peroulades 48
Petriti 37
Phaon 66
Pigadakia 120–121
Piso Aetos 79–80, 93
Platakia, Strand 43
Platys Gialos 99
Polis 81
Poros (Lefkada) 64, **68**
Poros (Kefalonia) 85, 94
Porto Katsiki 9, 61, **66,** 67
Porto Roma 108
Porto Timoni, Bucht 46
Porto Zoro, Bucht 108
Prasoudi, Strand 40
Preveza 62
Prosalentis, Pavlos 25
Pyrgi 55

R

Republik der Sieben Inseln 102
Riza **120–121**
Roda 49
Roussel, Athina 73

S

Sami 85, 93
Sappho 9, 64, 66
Sarakiniko 79
Schliemann, Heinrich 75, 77, 78, 80
Schule des Homer 81
Shipwreck Beach 8, 101, **115–117**
Sidari 7, **48–49**
Sinarades 41
Sivota 64, 67
Sivros 68, 69
Skala 95
Skopos 107
Skorpios 70, 73
Sokraki 53
Solomos, Dionysios 23, 26, 103, 106, **108**
Stavros 80–81
Strinylas 54
Strofaden 106
Strongyli 37

T

Tafionkloster 91
Tiberius, Kaiser 51
Tocco, Adelsfamilie 85, 102
Tsilivis **119–120**
Tzanata 85, 87, 94

U

Unechte Karettschildkröte (Caretta Caretta) 110

V

Vafkeri 71
Valaoritis, Aristoteles 62
Vasiliki 9, 61, **66–68,** 69, 81
Vasilikos-Halbinsel **107–109**
Vathi **75–78**
Viglatouri 52
Volimes 117
Vrachionas 8, **114,** 121

W

Wilhelm II., deutscher Kaiser 35, 36, 42
Wilhelm II., König von Sizilien 85, 102

X

Xingi, Bucht 118

Z

Zakynthos 6, 8, 20, 24, 96, **101–121**
Zakynthos-Stadt 94, **101–107**
Agios Dionysios 105
Agios Nikolaos 103
Bochali-Hügel 101, 106
British Cemetery 106

Kastro 106
Kiria ton Angelon 104–105
Lofos Strani 106
Museum für Nachbyzantinische Kunst 103
Odos 21. Maiou 105
Platia Agiou Markou 103
Platia Solomou 102–103
Solomos-Museum 103–104
Strada Marina 105
Strofadenmuseum 106
Widerstandsgedenkstätte 105
Zygos 53

Impressum

Herausgeber: GRÄFE UND UNZER GmbH, München
Leitender Redakteur: Benjamin Happel
Autor: Dr. Peter Peter
Aktualisierung: Dr. Markos Giannoulis
Verlagsredaktion: Gernot Schnedlitz, Katja Tegler, Nora Köpp
Lektorat: Intermag Publishing GmbH, München
Bildredaktion: Gräfe und Unzer, Intermag Publishing
Satz: Intermag Publishing
Karten (Umschlag): ADAC e.V., München
Karten (Innenteil): Computerkartographie Carrle, München
Herstellung: Mendy Willerich
Druck: Drukarnia Dimograf Sp z o.o. (Polen)

Ansprechpartner für den Anzeigenverkauf:
KV Kommunalverlag GmbH & Co KG,
MediaCenterMünchen, Tel. 089/92 80 96 44

ISBN 978-3-95689-207-3

2., unveränderte Nachauflage 2018

Bei Interesse an maßgeschneiderten B2B-Editionen:
veronica.reisenegger@graefe-und-unzer.de

GRÄFE UND UNZER

Ein Unternehmen der
GANSKE VERLAGSGRUPPE

Bildnachweis

Titel: Das Kloster Vlacherna und die Insel Pontikonisi
Foto: **Mauritius Images** (Pixtal)

Rücktitel: links: **Shutterstock** (Elena Pavlovich); rechts: **Shutterstock** (asanajai)

AKG: 12, 13, 14.1, 14.2, 14.3 – **AP:** 15 –**Aura:** 68 – **Bildagentur Huber:** 3.2 (Wh.), 4.4 (Wh.), 48, 109 (Mehlig), 5.4 (Wh.), 7, 43, 52.2 (H. Simeone), 5.2 (Wh.), 6/7, 18/19, 34, 44.2 (G. Simeone), 10.1 (Wh.), 70/71, 96 (Ripani Massimo), 16/17, 27.1 (R. Schmid), 60 (O. Fantuz) – **ChristianeB:** 8.1 (Wh.), 26 – **Christoph & Friends/ Illuscope:** 56 (W. Otto), 66, 134 (N.N.) – **F1Online**: 22/23 (N. Overy), 84 – **Fan und Mross:** 3.1 (Wh.), 107 (N.N.), 9.2, 11.2, 27.2, 49, 52.1, 116.1, 133 (Kreder), 25, 135 (Mross), 65 (Schindel) – **Fotolia:** 3.4 (Aleksandar Todorovic), 77 (korpithas) – **Getty Images:** 9.1 (Lonely Planet/Getty Images), 74 (David C Tomlinson), 105 (F. Fell/robertharding) – **Rainer Hackenberg:** 2.2 (Wh.), 2.4 (Wh.), 3.3 (Wh.), 5.1 (Wh.), 8.3 , 23, 29.1, 30.1, 35, 45, 50, 51, 64, 69, 87, 89, 90, 92, 98, 108, 111.2, 115 – **Imagetrust:** 29.2 (R. Franken) – **Rudolf König:** 78.1, 78.2 – **laif:** 41 (Trummer), 67.2 (Le Figaro Magazine), 83 (Archivio GBB/ Contrasto) – **Look-Foto:** 5.3 (Wh.), 94 (F. M. Frei), 42 (SagaPhoto), 46, 67.1 – **Mauritius Images:** 4.1 (Wh.), 72, 99 (Photo Bank), 22 (age), 33 (John Warburton-Lee), 38/39, 44.1, 53 (Otto), 58/59 (robertharding/Ruth Tomlinson), 80/81 (David Tomlinson/Alamy), 91, 118/119 (Mehlig), 111.1, 116.2 (Philochrome), 117 (Habel), 120 (David Kilpatrick/ Alamy) – **Harald Mielke:** 110 – **Peter Peter:** 76/77, 79, 88.1, 113, 121 – **Schapowalow:** 130 (Borchi) – **Shutterstock:** 2.1 (Wh.), 11.3 (Kite_rin), 2.3 (Wh.), 82 (WitR), 4.3 (Wh.), 88.2 (Panos Karas), 7.2 (Yuriy Y. Ivanov), 10.2 (Wh.), 100 (Samot), 11.1 (Galyna Andrushko), 24.1 (sianstock), 24.2 (milosk50), 36 (jocic), 55, 102/103 (balounm), 62/63 (Cristina Trif), 76 (Pawel Kazmierczak), 112 (Dmitry Laudin), 114 (Mila Atkovska), 118 (R_Szatkowski), 127 (ORLIO), 132 (Netfalls Remy Musser) – **Stella Vineyard:** 97 – **Ullstein Bild:** 73 – **Hanna Wagner:** 4.2 (Wh.), 30.2, 31, 37, 38, 40, 57